Joseph Micheler

Das Tabakwesen in Bayern

von dem Bekanntwerden des Tabaks bis zur Einführung eines

Herdstättgeldes 1717

Joseph Micheler

Das Tabakwesen in Bayern
von dem Bekanntwerden des Tabaks bis zur Einführung eines Herdstättgeldes 1717

ISBN/EAN: 9783744643436

Hergestellt in Europa, USA, Kanada, Australien, Japan

Cover: Foto ©ninafisch / pixelio.de

Weitere Bücher finden Sie auf **www.hansebooks.com**

DAS TABAKWESEN IN BAYERN

VON DEM

BEKANNTWERDEN DES TABAKS BIS ZUR EINFÜHRUNG EINES HERDSTÄTTGELDES 1717.

INAUGURAL-DISSERTATION

DER

HOHEN PHILOSOPHISCHEN FAKULTÄT

AN DER UNIVERSITÄT JENA

VORGELEGT VON

JOSEPH MICHELER.

STUTTGART.
DRUCK VON GEBRÜDER KRÖNER.
1887.

Das Tabakwesen in Bayern von dem Bekanntwerden des Tabaks bis zur Einführung eines Herdstättgeldes 1717.

Auf Grund bisher unbenützten archivalischen Materials[1]
bearbeitet
von
Jos. Micheler in München.

I.

Einleitung. Das Tabakwesen in Bayern vor der Besteuerung des Tabaks.

Wer sich mit dem Tabak von seinem Bekanntwerden in Europa an bis auf den heutigen Tag beschäftigen will, findet für seinen Zweck gedrucktes Material in Ueberfülle. Man lese nur Wagners hervorragendes Buch über Tabakkultur, Tabak- und Cigarrenfabrikation[2], die aus Dezennien langem Sammeleifer hervorgegangene Geschichte des Tabaks von Tiedemann[3] und die Monographie über den Tabak von A. Szerlecki[4], so wird man einerseits ein interessantes Bild über den heutigen Stand des Tabakbaues und der Tabakindustrie gewinnen, anderseits über Einführung, Verbreitung und Verwendung des Tabakes als Genuss- und Heilmittel ebenso unterhaltende als lehrreiche Aufschlüsse schöpfen können, die durch eine überraschend ergiebige Litteratur belegt sind. So zahlreiche Schriften und Schriftchen aber auch über den Tabak existieren, so ist doch noch nie auf Grund archivalischer Forschungen genauer dargestellt worden, wie in einem einzelnen staatlichen Gebilde das Tabakwesen von seinen ersten Anfängen durch einen längeren Zeitraum sich gestaltet, bezw. verändert

---

[1] G.A. = Generalakten über das Tabakwesen im k. Kreisarchiv München. M.St.B. = Sammlung von Landesverordnungen in der Münchener Staatsbibliothek Bav. 960, in Folio.
[2] Ladisl. v. Wagner, Tabakkultur, Tabak- und Cigarrenfabrikation. 4. Aufl. 1884.
[3] Tiedemann, Friedr., Geschichte des Tabaks. 1854.
[4] V. A. Szerlecki, Monographie über den Tabak. 1840.

hat. Zwar weiss ich wohl, dass Freyberg in seinem bedeutsamen Werke [1])
dem bayrischen Tabakwesen und seiner Entwicklung bis zum Jahre 1745 einen
eigenen Abschnitt widmet, wir finden jedoch daselbst fast ausschliesslich die
aus den einschlägigen Mandaten ersichtlichen rein äusserlichen Veranstaltungen
aufgeführt, während wir über alle anderen Verhältnisse so ziemlich im unklaren
gelassen werden. Bei dieser Sachlage möchte für diese nach den im Münchener
Kreisarchiv vorhandenen Akten[2]) bearbeitete Studie wohl noch ein bescheidenes
Plätzchen übrig sein.

Die Tabakpflanze, welche Kolumbus schon auf seiner ersten Entdeckungs-
reise 1492 in Kuba und Romano Pane 1496 in S. Domingo kennen gelernt
hatten, kam im Jahre 1560 nach Europa. Jean Nicot, französischer Gesandter
in Portugal, hatte eine solche von einem kgl. Hofbeamten, dem sie aus Florida
zugeschickt worden war, zum Geschenk erhalten. Da das Kraut wegen seiner
Heilkräftigkeit besonders bei Verwundungen in grossen Ehren stand, so empfahl
es Nicot seiner Herrin, der Katharina von Medici, und übermittelte ihr einen
Samen desselben[3]). Bald fand der Tabak von Frankreich aus seinen Weg in
andere Staaten, und schon im Jahre 1565 erhielt man auch in Deutschland
Kunde von dem Wunderkraut. Dem Botaniker Adolf Occo in Augsburg schickte
nämlich ein Freund aus Frankreich getrocknete Tabakblätter. Da Occo und
der von ihm zu Rate gezogene Arzt Joh. Funk in Memmingen die Blätter
nicht kannten, so sandten sie dieselben an den berühmten Botaniker Konrad
Gessner in Zürich. Derselbe sah seine Vermutung, es möchte Tabak sein, be-
stätigt, als er von Benedikt Aretius in Bern die Abbildung einer selbst gezogenen
Tabakpflanze erhielt[4]). Bald ward das neue Kraut nicht allein zu Heilzwecken
verwendet, sondern es wurde auch zum Vergnügen und zum Genusse geraucht.
Schon 1570 war das Rauchen in Holland verbreitet; durch die Matrosen des
Sir M. Raleigh kam es 1587 nach England, woselbst ebenso wie in Frankreich
bald sogenannte Tabagien entstanden[5]). Die praktischen Holländer betrachteten
alsbald den Tabak als ergiebige Quelle der Landwirtschaft und des Handels;
sie priesen daher die Nützlichkeit und Vortrefflichkeit desselben in allen Ton-
arten und begannen schon 1615 zu Amersfoort den Tabakbau. In England dagegen eiferte Jakob I. mit allen Mitteln gegen das neue Kraut. Er legte zur
Verhinderung der Tabakeinfuhr im Jahre 1601 eine starke Auflage auf denselben[6]), ja er soll sogar 1605 gegen die nach seiner Ueberzeugung schädliche

---

[1]) Freyberg, Max, Frh. v., Pragmatische Geschichte der bayr. Gesetzgebung, II. Bd., S. 449 ff.

[2]) Generalakten über das Tabakwesen, Fasc. I—XII.

[3]) v. Wagner a. a. O. S. 3—4. Johannes Neander, Tabacologia, 1626, schreibt S. 2 über das Geschenk an Nicot: ibi nobilis quidam Belga Archivorum tunc regiorum custodiae praefectus plantam illi veluti exoticam atque nuper ex Florida allatam dono obfert. — J. G. Gotthard, Die Kultur, Fabrikatur und Benutzung des Tabaks, 1802, berichtet S. 24, dass nach einigen der Franzose Thevet, welcher 1555—1556 in Brasilien war, nach anderen Her-mandez von Toledo, der sich 1560 in Mexiko aufhielt, die Tabakpflanze zuerst nach Europa gebracht habe.

[4]) Tiedemann a. a. O. S. 141.

[5]) v. Wagner a. a. O. S. 4.

[6]) Bibra, Dr. E. Frh. v., Die narkotischen Genussmittel, 1855 S. 317.

Verbreitung der Pflanze zu Oxford eine Disputation gehalten haben[1]). Im Jahre 1619 donnerte er in seinem **Misokapnus**[2]) gegen die Sinnlosigkeit, Schädlichkeit und Verderblichkeit des Tabaks. Einen Erfolg hatte jedoch sein Eifer nicht, denn seine eigenen Unterthanen, im Mutterlande am Tabakbau gehindert, hatten es sich nicht nehmen lassen, in Virginien Tabakpflanzungen anzulegen. Man rauchte bald in der Türkei, in Russland, Ungarn, Schweden, Norwegen und natürlich auch in Deutschland. In demselben Jahre (1620), als der Kaufmann Robert Königsmann in Strassburg mit aus Holland bezogenem Tabaksamen den Tabakbau auf deutschem Gebiete einleitete, wurde auch das Rauchen in Deutschland bekannt. Nach der einen Angabe sollen englische Kaufleute die neue Gewohnheit nach Zittau gebracht haben, nach einem anderen Bericht wäre zum erstenmal auf deutschem Boden bei den englischen Truppen, welche Graf Grey 1620 durch Sachsen führte und die dem König Friedrich von Böhmen Hilfe bringen sollten, das Rauchen gesehen worden. Die im Jahre 1622 dem von dem Spanier Spinola in seinen Erblanden hart bedrängten Winterkönige zu Hilfe geschickten holländischen und englischen Truppen brachten den seltsamen Gebrauch an den Rhein. Während des ganzen dreissigjährigen Krieges wurde besonders von der Soldateska viel Tabak verbraucht; von den Schweden, bei welchen das Rauchen zum erstenmal in Meissen im Jahre 1631 beobachtet wurde, wird berichtet, dass sie im Rauchen und Kauen des Tabaks eine besondere Leidenschaftlichkeit an den Tag gelegt haben; die Tillyschen und Wallensteinschen Truppen gaben sich gleichfalls dem Tabakgenusse hin[3]).

Nicht viel später als das Tabakrauchen verbreitete sich das Schnupfen von pulverisiertem Tabak. Die Gewohnheit tritt am stärksten und fast gleichzeitig auf in Spanien, Frankreich und Italien, von da kommt sie nach Holland, England und Deutschland[4]).

Unterdessen war über den Tabak eine ganze Litteratur entstanden; die Aerzte wollten zum Teil in dem Tabak eine Panacee gegen alle erdenklichen Uebel gefunden haben, zum Teil sahen sie in dem Tabak ein schädliches und gefährliches Kraut; die Gelehrten stritten über die Vernünftigkeit des Tabak-

---

[1]) **Thebesius**, G. D., Deutliche und ausführliche Nachricht vom Rauch- und Schnupftabak. 1713. Vorrede. Das beliebte und belobte Kräutlein Tabak etc. von J. G. H. S. 37.

[2]) Jacobi regis opera 1619, I, S. 200 ff. Misocapnus seu lusus Regius de abusu Tabacci. Ich führe nur den Schluss an S. 207: Tandem igitur, o cives, si quis pudor, rem insanam abjicite, ortam ex ignominia, receptam errore, frequentatam stultitia, unde et ira Numinis accenditur, corporis sanitas atteritur, res familiaris arroditur, dignitas gentis senescit domi, vilescit foris; rem visu turpem, olfactu insuavem, cerebro noxiam, pulmonibus damnosam: et si dicere liceat atri fumi nebulis tartareos vapores proxime repraesentantem.

[3]) **Tiedemann** a. a. O. S. 165—166, 175. J. G. H., das beliebte und belobte Kräutlein. S. 24. **Gotthard** a. a. O. S. 33. Dass schon im Jahre 1547 die Truppen Karls V. das Rauchen an die sächsische Grenze gebracht haben, erzählt Gotthard a. a. O. S. 27—28 dem J. S. Halle, die Tabakmanufaktur, 1788, mit der Bemerkung nach, dass diese Angabe wohl ein Ausfluss der überreichen Phantasie seines Gewährsmannes sei. F. J. Lipowsky, des Ferdinand Maria Lebens- und Regierungsgeschichte, 1831, sagt S. 198, dass von Karls V. Truppen das Rauchen auf die deutsche Landarmee übergegangen sei. S. 199, dass unter Ferdinand Maria die Soldaten, welche mit den Venetianern gegen die Türkei gefochten, das Rauchen in die Heimat gebracht haben.

[4]) **Thebesius** a. a. O. S. 51. **Tiedemann** a. a. O. S. 174 behauptet daher mit Unrecht, dass erst gegen Ende des 17. Jahrhunderts die aus Frankreich eingewanderten Hugenotten das Schnupfen des Tabaks nach Deutschland gebracht haben.

genusses, die Geistlichen prüften, ob derselbe moralisch erlaubt sei[1]). Was Wunder, dass die geistliche und weltliche Macht im Tabakgenusse bald etwas Missbräuchliches fand. Als an den Papst Urban VIII. über die Geistlichkeit in Sevilla Klagen einliefen, weil dieselbe auch bei der hl. Messe schnupfe, so bedrohte er 1624 ein solches Unterfangen mit dem Banne[2]). Ebenso energisch gingen mehrere weltliche Regierungen gegen das Rauchen vor, das wegen seiner Feuergefährlichkeit ernste polizeiliche Bedenken hervorrief. In der Türkei verbot Amurad (Murad) IV. (1609—1640) den Tabakgenuss bei Leibesstrafen, der Zar von Moskau bestimmte 1634, man solle diejenigen, die sich gegen das Rauchverbot verfehlen, mit Ruten streichen, ihnen die Nase aufschlitzen oder Male aufbrennen, auch Schweden erliess 1641 ein Rauchverbot[3]).

Es müsste eigentümlich zugegangen sein, wenn während der entsetzlichen Wirren des dreissigjährigen Krieges, wo trotz aller Energie eine völlige Niederhaltung wirklicher oder vermeintlicher Missbräuche einfach undenkbar gewesen, der Tabakgenuss von den einheimischen und durchziehenden Truppen nicht auch auf die übrige Bevölkerung übergegangen wäre. Zwar lässt der bayrische Hofrat in ein Gutachten vom 31. Oktober 1685[4]) die Bemerkung einfliessen, dass Max I. „den Tabak durchaus nicht geduldet und die Einfuhr energisch inhibiert habe"; aber diese Aeusserung hat im Zusammenhalt mit den übrigen Ausführungen des Schriftstückes den Zweck, die volkswirtschaftlichen Grundsätze Maximilians gegenüber denen seines Nachfolgers zu loben; für ein Zeugnis, dass Bayern unter Max I. am Tabakkonsum gar nicht beteiligt war, können sie schon um dessentwillen nicht gelten, weil sich sogleich nach Maximilians Ableben eine weite Verbreitung des Tabakgenusses herausstellte. Wenn nun Max I., der doch alle Lebensverhältnisse bis ins kleinste durch polizeiliche Verordnungen zu regeln suchte[5]), zu einer Vorschrift gegenüber der neuen Gewohnheit sich nicht veranlasst sah, so wird dabei wohl der gewiegte Feldherr den Regenten beraten haben, dass ein Kampf gegen das beliebte Kraut, das der Soldat gegen Hunger und Durst zu gebrauchen behauptete, unthunlich sei, und eine Ausrottung desselben ausserhalb der Grenzen seiner Macht liege.

Erst als Max I. am 27. September 1651 sein thatenreiches Leben geschlossen hatte, ging man in Bayern daran, den Genuss des Tabaks durch Mandate zu verbieten. Da der Thronfolger Ferdinand Maria erst 15 Jahre alt war, so übernahm die Kurfürstin-Mutter Anna als Vormünderin und Regentin und des Verlebten Bruder Albrecht VI. als Landesadministrator für den Minderjährigen die vormundschaftliche Regierung. Max hatte bei Lebzeiten dafür gesorgt, dass nach seinem Tode alles im alten Geleise bleibe, indem er nicht

---

[1]) Vgl. ausser Neanders Tabacologia, 1626, J. Schröder, de abusu Tabaci, 1644, und Tabakshistorien, in französischer Sprache beschrieben durch Monsieur de Prade, ins Deutsche übersetzt von G. K. M. D. Frankfurt 1684.
[2]) Bibra a. a. O. S. 316. Thebesius a. a. O. S. 54. Nach der Zeitschrift: Bayern und die angrenzenden Länder, 4. Heft, 1816, S. 101 Anm., gab Pasquin darauf die Devise: Contra folium, quod vento rapitur, ostendis potentiam tuam.
[3]) Thebesius a. a. O. S. 33. v. Wagner a. a. O. S. 4.
[4]) G.A. Gutachten des Hofrates über die Fortsetzung des Tabakspaldos, dat. 31. Okt. 1685.
[5]) Vgl. darüber Felix Stieve, Das kirchliche Polizeiregiment in Bayern unter Max I, 1876, und F. Lipowsky, bayr. Kirchen- und Sittenpolizei unter seinen Herzogen und Kurfürsten, 1821.

allein die Regierungsgrundsätze für seinen Sohn schriftlich hinterliess, sondern auch die Räte bestimmte, welche den Trägern der Regierungsgewalt zur Seite zu treten hatten¹). Zur Sanierung des Landes, welches durch den verderblichen Krieg schwer gelitten hatte, wurden daher die eingeführten polizeilichen Massnahmen nicht allein beibehalten und zum Teil ausdrücklich wiederholt, sondern es wurden dieselben auch durch neue Bestimmungen ergänzt oder verschärft²). Neu war auch ein Verbot „des Tabaktrinkens"³), welches ein Generalmandat vom 22. August 1652 zum Gegenstand hatte. Es ist das Mandat zwar nicht mehr auffindbar, aber seinen Inhalt erfahren wir aus dem Generalmandat vom 9. Juni 1653 desselben Betreffs⁴). Es sollte nach demselben „den Bauers- und anderen gemeinen Leuten" das Tabaktrinken bei Strafe verboten sein. Im neuen Mandat ist ernstlich eingeschärft, dem ergangenen Generalbefehl die schuldige Observanz zu leisten, gegen die Uebertreter mit gebührender Strafe einzuschreiten und über die schon verhängten Strafen unverzüglich zu berichten. Als Ferdinand Maria am 31. Oktober 1654 die Regierung selbst übernahm, wandelte er die von seinem Vater gewiesenen und von seiner Vormundschaft eingeschlagenen Bahnen weiter. Wie in allen anderen Angelegenheiten blieb er vorerst auch in betreff des Tabakkonsums bei der übernommenen Praxis. Es sei ihm glaubwürdig vorgekommen, verkündet der Kurfürst⁵), dass die so ernstlich ergangene und wiederholte Vorschrift über den Tabak zu seinem besonderen Missfallen in schlechte Observanz gezogen oder aller Orten ausser schuldigster Obacht gelassen worden. Er habe vernehmen müssen, dass zu Jahrmarkt- und Dultzeiten von den Augsburger, Nürnberger und andern fremden Kauf- und Handelsleuten Tabak in grosser Quantität ins Kurfürstentum Bayern hereingebracht und öffentlich feilgehalten werde. Es solle fortan der Tabak nur allein in Städten bei den Apothekern und Materialisten hergegeben werden dürfen, wenn er als Medizin verordnet worden. Gegen die Uebertreter dieses Befehls solle gebührend eingeschritten und über die Art ihrer Abwandlung quartaliter Bericht erstattet werden. Aber was halfen alle Verbote? Trotz derselben nahm wie anderwärts, so auch in Bayern der Konsum des Tabaks fortwährend zu⁶). Ein Generalmandat vom Jahre 1662⁷) klagt, dass der Tabak vom gemeinen

---

¹) Es waren dies der Landeshofmeister Graf Kurz, Frh. Ad. v. Metternich, Hofkammerpräsident v. Haslang, Geheimrat Mändl, Landschaftskanzler Joh. Herwart, Joh. Adlzreiter von Tettenweis.

²) So wurde durch Mandat vom 2. Juni 1653 den Hoffräulein verboten, nackte Busen und indecente Kleidung zu zeigen und den Bauersweibern und deren Töchtern das Tragen allzu kurzer Röcke untersagt.

³) So bezeichnete man das Tabakrauchen.

⁴) M.St.B. IV, 68. In diesem Mandat weist die Kurfürstin Maria Anna auf den 22. August 1652 hin, „wo sie durch ergehung und ablassung eines gnädigsten jedoch auch ernstlich und zuverlässigen generalbevelch aufgetragen dass dass .... Thabacktrinken Unter den Paurs — und andern gemeinen leithen vermitels eines offentlichen Verruffs durchgehend abgeschaffen Und gegen die yberthretter yedesmahls gebürende Straff vorgenommen werde.

⁵) G.A. Generalmandat vom 31. August 1656. Die in M.St.B. befindliche Abschrift trägt das Datum 31. Juli 1656.

⁶) Der Tabakbau wurde in Süddeutschland zuerst von den Nürnbergern und Augsburgern in die Hand genommen; aber schon 1660 wurde auch im Elsass, in der Grafschaft Hanau, im Bistum Speier, in der Grafschaft Baden, im Breisgau und im Kanton Basel Tabak gebaut. Vgl. Tiedemann a. a. O. S. 175.

⁷) Generalmandat vom 1. Februar 1662. M.St.B. IV, 80.

Mann in Wirts- und Bauernhäusern, ja sogar auf der Gasse öffentlich getrunken werde. „Die Leute", heisst es weiter, „gehen in diesem Missbrauch so weit, dass sie meinen, sie könnten nicht leben, wenn sie die Pfeife nicht etlichemal am Tage im Maul haben, wodurch sie dann in diesen ohnehin geldklemmen Zeiten den zum Unterhalt nötigen Pfennig verschwenden." Die Schuld an diesem Uebelstande wird der Obrigkeit zugeschrieben, gegen welche bei fernerer Nachlässigkeit exemplarisch eingeschritten werde. Nach den vorangeführten Mandaten könnte man meinen, der Tabakverbrauch habe nur bei den niederen Volksschichten Anklang gefunden, und Lipowsky[1]) behauptet auch, dass beim Hof, beim Adel, den Honoratioren, ebenso bei den Damen das Rauchen nicht üblich gewesen sei. Dies stimmt aber wenig mit dem überein, was wir in Baldes Satire gegen den Missbrauch des Tabaks lesen[2]). Als dieselbe 1656 entstand, muss, wenn seine Schilderungen nicht übertrieben sind, bei allen Ständen und bei beiden Geschlechtern eine geradezu leidenschaftliche Vorliebe für den Tabak geherrscht haben; nur das eine kann zugegeben werden, dass in den höheren Ständen die Dose, in den niederen die Pfeife bevorzugt wurde. Man würde nun sehr irren, wenn man die Erfolglosigkeit der gegebenen Vorschriften für den Grund einer Umkehr auf dem eingeschlagenen Weg halten würde. Wie die Saumseligkeit in der Beobachtung vieler anderer Bestimmungen nicht zu deren Aufhebung, sondern nur zur Androhung schärferer Ahndung bei Uebertretung derselben führte, so würde dies auch bei den Verordnungen wider den Tabak der Fall gewesen sein, wenn nicht ein Umschwung in den wirtschaftlichen Grundsätzen in den massgebenden Kreisen zu einer anderen Stellungnahme gegenüber dem befehdeten Kraut veranlasst hätte. Schon unter Max I. dämmerte in manchen Köpfen die Ueberzeugung, dass durch Hebung der inländischen Produktion das Geld im Lande behalten und das ausländische Geld hereingezogen werden müsse. Aber zur Erreichung dieses Zweckes konnte weder das im Jahre 1624 gebildete Kommerzienkollegium, noch die im August 1640 zur Beförderung des inländischen Kommerzienwesens gebildete Kommission etwas thun, da der konservative Charakter des Kurfürsten Max I. den angeratenen wirtschaftlichen Experimenten abhold war[3]). Maxens Grundsätze wurden nach seinem Tode auch von dem leitenden Minister, dem Grafen Kurz, vertreten. Ein Umschwung vollzog sich erst, als im Jahre 1662 an Stelle des Grafen Kurz der Graf Egon Hermann von Fürstenberg Minister und Vorstand des Geheimen Rates geworden war. Die von ihm vertretene Strömung musste um so schneller an Ausdehnung

---

[1]) Lipowsky, Ferd. Maria a. a. O. S. 200.
[2]) J. Balde, Satyra contra abusum Tabaci 1657; eine Uebersetzung (von Sig. v. Birken), „die Truckene Trunkenheit" erschien 1658. In Baldes Werken Poemata, Tom. III, 1660, S. 160 ff. Bruchstücke aus Baldes Satire in metrischer Uebersetzung finden sich bei J. H. Cohausen, Satirische Gedanken von der Pica nasi aus dem Lateinischen ins Deutsche übersetzt von L. C. S. 1720.
[3]) Da das Kommerzienkollegium die Erteilung gewisser Privilegien für unerlässlich hielt, von Max I. aber solche nicht zu erreichen waren, so traten mehrere Mitglieder aus dem Kollegium aus, andere starben, so dass im Jahre 1631 Dr. Schobinger das einzige Glied des Kommerzienkollegiums war. — Die im August 1640 zur Förderung des inländischen Kommerzienwesens gebildete Kommission stand unter der Leitung des Kammerpräsidenten und zählte zu ihren Mitgliedern den Vizepräsidenten Tanner, den Hof- und Kammerrat Kittner, die Kommerzienräte Wümpel, Hegger und Gassner. Vgl. Freyberg a. a. O., II, S. 371 und 375—376.

gewinnen, als auch die Kurfürstin Henriette Adelaide für dieselbe eintrat. Welcher Art dieselbe war, wird sich aus der Berufung des berühmten Projektenmachers Dr. J. J. Becher ersehen lassen, welcher 1664 angegangen wurde, in Bayern „gute Einrichtungen in Handels- und Kameralsachen" zu treffen ¹). In Bechers Vortrag an die bayrischen Geheimräte ist das erste Axiom: „Man soll allezeit sehen, dass man das Geld im Lande behalte und von fremden Orten noch ein mehreres dazu bringe." Eine andere seiner Forderungen lautet: „Kann eine Ware im Lande selbst erzeugt werden, so ist man schuldig, sie nicht vom Auslande zu holen." Er wünscht ein eigenes Kommerzienkollegium, aus Juristen, Gelehrten, Kaufleuten und praktischen Männern des Manufakturwesens und der Kameralien bestehend ²). Sein grossartig gedachter Plan, eine Reglementierung des ganzen Verkehrs durch den Staat, ging zwar nicht in Erfüllung. Die Kaufmannschaft hatte nicht allein die öffentliche Meinung dagegen bearbeitet, sondern auch im Geheimen Rat gegen die aufgetauchten Projekte Stimmung zu machen gewusst. Insbesondere soll der seit 1662 zum Vizekanzler des Geheimen Rates ernannte Staatsmann Kaspar Schmid gegen die neuen Pläne aufgetreten sein ³). Aber in bezug auf das Tabakwesen hatte das neue System doch einen raschen und vollständigen Wechsel in den Auffassungen hervorgerufen, trotzdem in den Nachbarländern die Verbote des Tabaks noch nicht als überwundener Standpunkt betrachtet werden konnten⁴). Schon im Jahre 1664, als Becher behufs Erwerbung einer amerikanischen Kolonie für das Kurfürstentum Bayern mit dem Grafen von Horn und etwas später mit den Engländern in Verbindung trat, wurde unter den vorteilhaften Produkten, die von dort zu holen wären, auch der Tabak genannt⁵). Als sich die Kolonialpläne zerschlagen hatten, konnte der seit 10. Juni 1665 wieder zum ordentlichen Kollegium erklärten, jedoch unter dem Hofkammerpräsidium und -Direktorium stehenden Kommerziendeputation die Erkenntnis nicht schwer werden, dass sich eine Reduzierung der für den Tabak ausser Landes gehenden Summen nur dann erreichen lasse, wenn man den inländischen Tabakbau gestatte. In der That wurde auch bald der Tabakbau und die Tabakfabrikation von einem gewissen Sittl in Landshut unbeanstandet ausgeübt; ebenso wurde einem sicheren Michael Schönegg aus Geissenfeld, welcher unter Berufung auf „die Verdienste, die er sich bei der kurfürstlichen Miliz und durch seinen Uebertritt zur alleinseligmachenden Kirche"

---

¹) Simonsfeld, Dr. H., Bayrische Kolonialpläne im 17. Jahrhundert. Beilage zur Allg. Zeitung 1885, Nr. 172, 174 und 176. Sonderabdruck S. 4.

²) Vgl. Roscher, W., Geschichte der Nationalökonomik in Deutschland, S. 276, 282, 287.

³) Ueber Bechers Pläne, betreffs Gründung eines Provianthauses, eines Werkhauses, eines Kaufhauses und einer Bank, vgl. Simonsfeld a. a. O. S. 9; über Bechers Klagen über die Intriguen der Münchener Kaufleute vgl. Simonsfeld a. a. O. S. 16—17. Aus Kaspar Schmids Darlegungen im Geh. Rat führt Lipowsky, Ferd. Maria, S. 173 an: „Wo der Fürst Kaufmann ist, da ist das Land verdorben . . . ., ein armes Volk macht zuletzt auch arme Fürsten. Man erniedrige Fürsten nicht zu handeltreibenden, spekulierenden Menschen, es ist genug, dass der Kurfürst mit Salz und weissem Bier Handel treibt."

⁴) So in Bern in der Schweiz, wo in der nach den zehn Geboten Gottes abgefassten Polizeiordnung vom Jahre 1661 das Verbot des Rauchens dem Verbot des Ehebruches angefügt war. Gotthard a. a. O. S. 33. Im benachbarten Tirol wurde 1658 ein Rauchverbot erlassen. Zeitschrift für Bayern und die angrenzenden Länder. 1816. 4. Heft. S. 102.

⁵ Simonsfeld a. a. O. S. 14—15.

erworben, um die Erlaubnis zum Tabakbau auf den in Geissenfeld gepachteten zwei Aeckern bat, dieses Recht ohne Anstand bewilligt[1]). Freilich konnten diese vereinzelten und unbedeutenden Versuche[2]) gegenüber einem Tabakkonsum von ca. 3000 Ztr.[3]) nur wenig ins Gewicht fallen und insbesondere den Preis, welchen die Nürnberger auf 16 fl. pro Ztr. hinaufgetrieben hatten, nicht beeinflussen[4]).

II.
Erhebung eines Tabakaufschlages durch den bayrischen Landtag. Regalisierung und Verpachtung des Tabakhandels.

Da sich der Tabak nicht verdrängen liess, so wurde er schon früh als ein Finanzobjekt ins Auge gefasst, welches eine Belastung wohl vertrüge.

---

[1]) G.A. Vorstellung des Michael Schönegg an die Landschaft (ohne Datum).
[2]) Nach dem Bericht des Marktschreibers Schauer zu Geissenfeld hatte Schönegg zwei Aecker für 18 fl. gepachtet und erzielte darauf 10-12 Ztr. Tabak; nach J. P. Kolbeck, Gründliche und umfassende Abhandlung über den Tabak (ohne Jahrzahl) S. 78, würde dies ungefähr der Ertrag eines bayr. Tagwerkes gewesen sein. Der spätere Hofkammerrat Senser behauptet in seinem Entwurf über die in Bayern aufgerichteten Fabrizierhäuser, dat. 18. Februar 1695, dass in dieser Zeit auch um Aichach herum Tabak gebaut worden sei, jedoch seien diese Versuche „ohne Fundament" gewesen. G.A.
[3]) Für meine Annahme, dass ca. 3000 Ztr. Tabak in Bayern jährlich verbraucht worden, finden sich direkte Belege nicht; die später kommenden Angaben über den Tabakverschleiss werden jedoch ergeben, dass annähernd das Richtige getroffen ist.
[4]) Hanauer Gut kostete per Zentner 9—10 fl., Nürnberger Gut 6, 7 und 8 fl.; letzteres kam mit Gewichtsverlust, Fuhrlohn, Provision auf 13, ja auf 15—16 fl.; 1000 Pfeifen kosteten 3—4 fl. Im Detailverkauf kostete das Pfund Tabak 9—10 kr., wurde aber auch bis auf 13 kr. hinaufgetrieben. Hier möchte ich eine kurze Vergleichung des Jetzt und Damals in bezug auf Tabakkonsum und Tabakpreise anreihen. In Bayern wurde 1553 das Wiener Gewicht eingeführt. Der Wiener oder alte bayrische Zentner = 100 Pfd. (1 Pfd. = 32 Lt.) beträgt 56,06 kg. Da beim Einkauf in Nürnberg durchweg 10 Prozent Gewichtsverlust in Rechnung gebracht werden, so ergibt sich, dass der Nürnberger Zentner unserem Zollzentner entspricht. Nach den statistischen Tabellen des Deutschen Reiches vom Jahre 1883/84 kosten 100 kg lufttrockener und fermentierter Tabakblätter 74,64 M., nach denselben Tabellen vom Jahre 1884/85 kosten sie 65,43 M., d. i. pro Zentner 37,32 M. bezw. 32,72 M. Beim fabrizierten Tabak ist der Preis nach der Qualität sehr verschieden (vgl. Wagner a. a. O. S. 122 ff.). Im Kleinhandel kommt es in bezug auf den Preis besonders darauf an, wie in dem betreffenden Staate der Tabak besteuert ist. Nach Anaper, die Einführung des Tabakmonopols in Deutschland, 1881, S. 19—20, kostet

1 kg Varinas	in Oesterreich	12,40 M.,	in Deutschland	5,— M.
1 „ Portoriko	„ „	10,— „	„ „	3,— „
1 „ Schnupftabak	„ „	4,82—7,36 „	„ „	2,50 „

Da durch den dreissigjährigen Krieg die Bewohner Bayerns stark dezimiert worden waren (vgl. Wolf, J. H., bayr. Geschichte, III. Bd., 1832, S. 236), so mögen in den 60er und 70er Jahren des 17. Jahrhunderts in Ober- und Niederbayern nicht mehr als 600,000 Seelen vorhanden gewesen sein. Es ist daher die in Anton Wilhelm Ertels churbayr. Atlas, 1687 und 1690 (vgl. Bavaria, Landes- und Volkskunde des Königreichs Bayern, 1860, I, 2. Abt. S. 650—651) befindliche Angabe, dass in Ober- und Niederbayern 3,401,020 angesessene Unterthanen leben, weit übertrieben. Bei der Annahme, dass 600,000 Köpfe 3000 Ztr. Tabak gebraucht haben, trifft auf den Kopf der Bevölkerung ½ Pfd., das 4—5 kr. kostete; im heutigen Deutschland trifft nach Anaper a. a. O. S. 4—5 auf den Kopf der Bevölkerung ein Tabakquantum von 1,9 kg, also fast 4 Zollpfund, wofür nach Wagner a. a. O., S. 141, vom Jahre 1871/78 durchschnittlich 5,39 M. auszugeben waren.

Während Jakob I. von England die Belastung des Tabakes mit einer Auflage und die im Jahre 1625 erfolgte Einführung des Tabakmonopols noch als Prohibitivmassregeln ins Leben rief, hatte unter seinem Nachfolger Karl I. schon das finanzielle Interesse zur Verpachtung des Tabakhandels an ein Kollegium geführt[1]). Im Jahre 1657 wurde in Venedig, bald darauf im Kirchenstaat, im Jahre 1664 in Portugal der Tabak mit einer Auflage belastet[2]). Was Wunder, wenn man auch in Bayern diesen Weg einschlug? Durch eine luxuriöse Hofhaltung und umfangreiche Bauten wurden in diesem Lande den alten Schulden, die aus den vergangenen Kriegszeiten herrührten, neue hinzugefügt, so dass eine ernstliche finanzielle Bedrängnis drohte. Um dieselbe zu beheben, berief Ferdinand Maria auf den 2. Januar 1669 den seit 1612 nicht mehr versammelten Landtag. Die Regierungspostulate: 150,000 fl. Kammergutsaufbesserung und 100,000 fl. zur Verzinsung und allmählichen Abzahlung der Landesschulden wurden ohne jeden Abstrich bewilligt. Statt der für Reichsdeputation, Kreis- und andere Konvente postulierten 24,000 fl. und der für Garnisonsunterhaltung verlangten 36,000 fl. wurden für Legations- und Garnisonskosten in Summa nur 50,000 fl. übernommen; ebenso wurde die Forderung von 107,054 fl. für das auf dem Kriegsfuss zu haltende Militär auf 72,000 fl. reduziert. Ausserdem übernahm die Landschaft von der landesherrlichen Kapitalschuld 1,340,000 fl., für welch letztere Willigung ihr der von Max I. 1634 eingeführte und von seinen Nachfolgern zur Hälfte fortbezogene Aufschlag auf Fleisch und Getränke im durchschnittlichen Betrag von 67,000 fl. überlassen wurde; ferner wurden der Landschaft 50,000 fl. aus den Erträgnissen des weissen Bieres zugewiesen und endlich ihr ein Aufschlag auf den Tabak zugestanden[3]). Den Antrag auf die Besteuerung des Tabaks hatte die Landschaft ziemlich verschämt unter dem Scheine vorgebracht, als sei derselbe weniger von einem finanziellen Interesse als von dem Bestreben eingegeben, die Regierung in dem Kampf gegen das verhasste Kraut zu unterstützen. „Bei diesem allem," schreibt sie[4]), „ist uns auch weiters zu gemieth gangen, dass weilen die wider das Tabackhtrinkhen wegen daraus unterschiedlich ervolgten ungelegenheiten ausgefertigte Mandata bisherr wenigt gefruchtet haben, mechte etwan mehreres hierzue verhilflich sein, wan auf den Centen des besten ungefehr 10 fl. und des schlechtern halb so viel determiniert und verfiegt wurde, dass bei dessen würkhlicher Confiscation ein jeder schuldtig sein solle, unsern jedes orths aufgestellten Grenitzbeamten gleich bei der einfahrt, denselben anzumelden." Sofort wurde auf den Antrag eingegangen[5]) und in der Instruktion für die künftigen Landschaftsverordneten der Zusicherung eines Tabakaufschlages an die Landschaft motivierter Ausdruck

---

[1]) Vgl. Bibra a. a. O. S. 317.
[2]) Wagner a. a. O. S. 72—73.
[3]) Vgl. Krenner, der letzte Landtag von 1669, 1 u. 2, 1802, und Dr. A. Buchn der letzte Landtag der altbayr. Landstände, 1669, Abhandlung der k. b. Akademie der Wissenschaften, III. Kl., VI. Bd., II. Abt.
[4]) In der Quadruplik des Landtages vom 2. Februar 1669, s. Krenner a. a. O. S. 226.
[5]) In der landesfürstl. vierten Hauptschrift vom 6. Februar 1669 heisst es nach Aufzählung anderer Steuern: „So wolle Ire Curfrstl. Drlcht. nit weniger den eingerathnen Aufschlag von dem Tabak, sovill dessen in dero Landten consumiert wird, einfordern und zu deren lieben, getreuen Landschafft liffern lassen." Krenner a. a. O. S. 238.

gegeben¹). Am 28. Juni 1669 erschien das Generalmandat²), welches verkündet, dass der Kurfürst zur Bestreitung der ihm sowie seinen Ständen und Unterthanen von den letzten Kriegszeiten erwachsenen und auf andere Weise entstandenen schweren Bürden sich unter anderem mit den Ständen dahin verglichen habe, „dass von jedem Zentner Tabak (soviel in Ober- und Niederbayern eingeführt und verzehrt wird), des besseren zehen, des schlechteren fünf Gulden eingefordert werden soll". Wer sich unterstehen würde, Tabak unangemeldet einzuführen, solle Konfiskation des Gutes zu gewärtigen haben, und der Fuhrmann so lange angehalten werden, bis er seine Schuldigkeit neben der gewöhnlichen „Abtrags-Straf" bezahlt habe. Die Faktoren der in- und ausländischen Handelsleute, welche eine bei der Abladung der Waren beabsichtigte Hereinschleichung des Tabaks verheimlichen, sollen diese Gesetzwidrigkeit neben der „Abtrags-Straf" mit öffentlichen Schandstrafen büssen. Da der Aufschlag das Transitgut nicht treffen sollte, so wurde bestimmt, dass die Grenz-Aufschlags-Beamten auf den bei ihnen angemeldeten Tabak eine gedruckte Bollette übergeben, die innerhalb 3 Monaten mit der Bescheinigung über vollbrachte Ausfuhr oder bezahlte Schuldigkeit vorzuweisen sei. Da man unter dem „besseren" mit 10 fl. Aufschlag belegten Gut den Brasiltabak, unter dem „schlechteren", für welchen 5 fl. zu bezahlen waren, die übrigen Tabaksorten verstand und nach den vorhandenen Rechnungen in damaliger Zeit sich der Verbrauch des Brasils zu dem Verbrauch des gewöhnlichen Tabaks wie 1:12 verhielt, so hätten sich bei Annahme eines Verschleisses von 3000 Ztr. ungefähr 16,000 fl. Tabaksgefälle ergeben müssen. Es kam freilich ganz anders. Vor allem erklärte der inländische Produzent Schönegg³), dass er, da der von ihm erzielte Tabak viel billiger verkauft werden müsse, als der ausländische, den verlangten exorbitanten Aufschlag nicht zahlen könne, ohne mit Weib und Waislein ins Elend getrieben zu werden. Nach längeren Verhandlungen wurde ihm zugestanden, dass er statt des Aufschlages nur eine jährliche Komposition von 16 fl. zu leisten habe⁴). Auch für die Stadt Wemding wurde auf ihre Vorstellung, dass der Aufschlag ihren Tabakhandel ruinieren würde, weil Wemding ganz von fremden Herrschaften eingeschlossen sei, ein jährliches Kompositionsgeld von 30 fl. festgesetzt⁵). Die grössten Unterschleife wurden aber von den Händlern mit ausländischem Tabak in allen übrigen Orten gemacht. Auf Betreiben der Landschaft sollte bei den Handelsleuten der vorhandene Tabak „beschrieben" und durch Einlieferung der Grenzbolletten festgesetzt werden, wie viel an Gebühren für den Tabak an den Grenzen eingegangen sei. Nach dem Bericht der Landschafts-

---

¹) Krenner a. a. O. S. 287: Instruktion für die künftigen Landschaftsverordneten vom 23. Februar: „Weihlen dann im Werkh befunden worden ist, dass die bishero wegen des schedlichen Tabackh-Trinkhens ausgefertigte Chrf. Mandata wenig fructificiert; Als haben Ihre Curf. Drhl. yber unsern unterthenigst gethanen vorschlag sich ebenfahls gnedigst gefallen lassen, sovil dessen im Lande verzehrt wirdet, auf jeden Centen des bessern 10 fl., des schlechtern halb sovil bei wirklicher Confiskation des verschwiegenen guets einfordern zlassen, welches die hinterlassne Verordnete bey denen Grenitzbeamten durch die sicherste vertreglichste Mittel werkstellig zemachen wissen werden."
²) G.A. Generalmandat vom 28. Juni 1669.
³) G.A. Vorstellung des Mich. Schönegg an die Landschaft (ohne Datum).
⁴) G.A. Landschaftsbeschluss vom 25. September 1670.
⁵) G.A. Landschaftsbeschluss vom 25. Februar 1670.

kommissäre[1]) erklärten viele Krämer einfach, dass sie den Tabak von den benachbarten auswärtigen Städten kaufen, ihn jedoch nur in kleinen Quantitäten hereinbringen und der „Unbedeutendheit wegen" bisher trotz der gedruckten Mandate nichts bezahlt haben; die Zollwächter seien von diesen Vorgängen selbst unterrichtet. Die grösseren Handelsleute redeten sich darauf hinaus, sie hätten den Tabak innerhalb des Landes auf Märkten und Dulten gekauft, und der Aufschlag werde schon von denen bezahlt worden sein, welche den Tabak über die Grenze gebracht haben. Der Bericht aus München[2]) sagt offen, dass der Tabakaufschlag nie viel ertragen werde, weil die Ausländer den Tabak frei durchführen dürfen, und der Grenzaufschlageinnehmer G. Strassmayer aus Ingolstadt[3]) hält eine Steigerung des Ertrages nur dann für gesichert, wenn der Hausierhandel mit dem Tabak beseitigt und der vierte Teil der Strafgelder denen ausgefolgt werde, welche gegen die Uebertreter einzuschreiten haben. Der Ertrag des ersten Jahres war jedoch, wenn auch den Erwartungen keineswegs entsprechend, immerhin nicht ganz unbedeutend; er belief sich auf 3207 fl.[4]). Fast um die Hälfte fiel er im folgenden Jahre, in welchem nur 1801 fl. eingingen. „Arge List und Betrug" nahmen nach Strassmayer[5]) beim Tabakaufschlag immer mehr zu. Die Handelsleute gaben Gewicht und Qualität des Tabaks nicht an, um sich später auf einen Irrtum hinausreden zu können; Hausierer brachten den Tabak massenhaft über die Grenze und logen sich dann darauf hinaus, sie hätten ihn innerhalb des Landes auf den drei Märkten gekauft. Die ganze Einrichtung kam nach Strassmayer nur den benachbarten Parteien zu gute, da die Leute von den angrenzenden Ausländern nicht allein den Tabak, sondern zum Nachteil der inländischen Krämer auch allerhand Spezereien holten. Die rapide Abnahme des Ertrages, welche sich trotz verschärfter Kontrollmassregeln[6]) nicht aufhalten liess, musste Zweifel erwecken, ob mit der Tabakbesteuerung der rechte Weg eingeschlagen worden sei. Die Landschaft forderte in dieser Angelegenheit gutachtliche Aeusserungen ein. Die zuerst gehörten Grenzbeamten von Neustadt[7]) rieten, auf den Konfinen gute Wächter zu bestellen und die Krämer bisweilen zu visitieren, deuten jedoch gleichzeitig auf die zu verschiedenen Malen von den Nürnberger Handelsleuten zugesagte Bereitwilligkeit hin, bei Beseitigung der bestehenden Einrichtung von jedem im Lande bleibenden Zentner Tabak ein Gewisses zu entrichten. Der Ingolstädter Landaufschläger Sibenhärl und der Gegenschreiber Frey[8]) reden dem Plan das Wort, mit den sämtlichen Nürnberger Kaufleuten oder nur einem derselben auf ein Jahr eine Komposition

---

[1]) G.A. Bericht der Landschaftskommissäre vom 4. August 1670.
[2]) G.A. Bericht der Münchener Tabakkommissäre vom 15. März 1670.
[3]) G.A. Bericht vom 21. Januar 1670.
[4]) G.A. Extrakt, was der Tabakaufschlag über die Ausgaben ertragen hat von 1669—1675, einges. von der Landschaft den 24. November 1675. (Die Summen sind auf Gulden abgerundet.)
[5]) G.A. Bericht vom 29. Dezember 1671.
[6]) Am 18. Juni 1672 war von der Landschaft der Befehl erlassen worden, bei der Erteilung der Bolletten den Tabak ordentlich zu spezifizieren und die Einpackung genau zu beschreiben; am 27. Juli 1672 ward die Verordnung gegeben, dass die Fuhrleute von den Orten der Abladung eine von der Obrigkeit ausgefertigte Attestation mitbringen. Landschaftl. Verordnung obigen Datums. G.A.
[7]) G.A. Bericht der Neustädter Grenzbeamten an die Landschaft. 8. Mai 1672.
[8]) G.A. Bericht vom 29. Mai 1672.

abzuhandeln, nur um zu sehen, ob Aufschlag oder Komposition erträglicher sei. Wenn man nicht auf solche Weise die Kaufleute herauslocke, so werde bald die Aufschlagsrechnung aus lauter leeren Scheinen bestehen. Die in München für das Tabakwesen verpflichteten Sachverständigen Matthias Borbier und G. Schobinger[1]) möchten den Aufschlag etwas reduziert und den im Lande bleibenden und durchgehenden Tabak gleich behandelt wissen. Aus Tirol, woher die meisten Rückbescheinigungen kommen, solle man solche nicht mehr annehmen, da dort der Tabak verboten sei. Wolle man aber die Durchfuhr freilassen, so müsse der dreimonatliche Termin zur Einlieferung der Rückscheine abgeschafft, die Scheine an der Grenze genau geprüft und an den Ort geschickt werden, wo die Abladung geschehe. Bevor man einen der vorgenannten Vorschläge, von denen insbesondere der letztere sehr vernünftige Gedanken enthielt, irgendwie verwertet hatte, kamen von den Ingolstädter Beamten neue Anregungen. Sibenhärl[2]) meint, man solle den Aufschlag nicht mehr von den Kaufleuten ausser Landes, sondern im Lande einfordern, dann könnte man den wöchentlichen Verschleiss eines jeden kontrollieren; seine Kollegen[3]) wiesen auf die Brandenburg-Kulmbachische Besteuerungsart hin, wonach auf jeden Zentner Tabak 20 kr. gelegt seien, ob derselbe nun im Lande bleibe oder nicht. Ferner berühren sie das Monopol, das sie aber für unzuträglich erklären, da der aus dem Handelsstand zu nehmende Monopolpächter grossen Verfolgungen, ja sogar der Lebensgefahr ausgesetzt wäre. Besser wäre es, wenn die Einhebung des Aufschlags den in Städten und Märkten befindlichen landschaftlichen Aufschlägern übertragen würde, am besten liesse sich jedoch die Abschliessung einer Komposition mit den Städten und Märkten empfehlen. Aber bevor man es mit diesen Plänen auf einen Versuch ankommen liess, hatte sich die ganze Aufschlagsangelegenheit als eine hoffnungslose zu erkennen gegeben. Vom Jahre 1671 bis 1672 war der Aufschlag wieder um die Hälfte und zwar auf 984 fl. gesunken. Er hielt sich im Jahre 1672—1673 auf der Höhe des vorhergegangenen Jahres (986 fl.) und steigerte sich im Jahre 1673—1674 auf 1022 fl. Aber im Jahre 1674—1675 trat ein Rückgang in den Einnahmen ein, der eine andere Veranstaltung zur unabweisbaren Notwendigkeit machte. Bis zum 24. November dieses Jahres waren nämlich erst 124 fl. eingegangen. Der Unterschleif war die Regel, die Entrichtung der Schuldigkeit ganz seltene Ausnahme. Während im ersten Jahre noch etwa 550 Ztr. gewöhnlichen Tabaks und etwa 46 Ztr. Brasil versteuert worden waren, sind in fast 11 Monaten des Jahres 1675 nur gegen 22 Ztr. gewöhnlichen Tabaks und nicht einmal 2 Ztr. Brasil angesagt worden[4]). Zu diesem kläglichen Resultat trug neben den unzulänglichen Kontrollmassregeln und dem Widerstand der Kaufleute gegen diese exorbitante Steuer, welche das Pfund Tabak um 3 kr. zu verteuern angethan war, insbesondere der Umstand

---

[1]) G.A. Bericht vom 8. Oktober 1672.
[2]) G.A. Bericht vom 29. August 1673.
[3]) G.A. Bericht vom 28. Oktober 1673.
[4]) Man vergleiche die heutige Tabaksteuer und deren Ertrag mit den damaligen Verhältnissen. Seit dem Jahre 1882 zahlt man für 100 kg Tabak in fermentiertem oder getrocknetem Zustand 45 M. Steuer. Da von dem Gewichte des dachreifen Tabaks 1/5 abgezogen wird, so beträgt die Steuer für den Zentner dachreifen Tabaks 18 M. Der Ertrag der Steuer beläuft sich vom 1. Juli 1883 bis 30. Juni 1884 nach Schanz, Finanzarchiv, II. Jahrg., 2. Bd., S. 269, im heutigen deutschen Zollgebiet auf 37,003,200 M., d. i. pro Kopf 0,81 M.

bei, dass es allmählich ein offenes Geheimnis geworden war, dass es mit dem Tabak zu anderen Veranstaltungen kommen werde. Wie in Oesterreich von Kaiser Leopold I. im Jahre 1670 dem Oberstlandjägermeister Grafen von Khevenhüller das ausschliessliche Recht der Tabakeinfuhr nach Oberösterreich unter der einzigen Bedingung, dass er die kaiserlichen Jagdgeräte auf eigene Kosten in gutem Stand erhalte und das gleiche Recht dem Grafen Königsegg für Niederösterreich ohne jede Gegenleistung verliehen ward[1]), so hatte die Kurfürstin Henriette Adelaide, aller Wahrscheinlichkeit nach schon anfangs der siebenziger Jahre, dem Frh. v. Simeoni „in Ansehung seiner geleisteten teueren Dienste und damit er seine mit so saurem Schweiss und Mühe erarbeiteten 50,000 Thlr. anlegen und nützen könnte" im ganzen Lande Bayern den Tabakhandel verschaffen wollen. Der Kurfürst hatte jedoch für nötig gehalten, von der Geistlichkeit die Einwilligung zu einem solchen Schritte zu erholen. Es wurde daher der Vizekanzler Kaspar Schmid tecto nomine supplicantis zu dem P. Spinelli um ein Gutachten geschickt, „ob es mit gutem Gewissen sein könnte, da der Kurfürst wegen seiner guten Dienste dem Supplikanten zu willfahren nicht ungeneigt wäre". Freimütig erklärte jedoch Spinelli zuerst mündlich, dann schriftlich, dass dies mit gutem Gewissen nicht geschehen könne[2]). Gegenüber dieser entschiedenen Stellungnahme des einflussreichen Beichtvaters der Kurfürstin war zwar von einer Ueberlassung des Tabakverschleisses an Simeoni nicht mehr die Rede, aber es wurde ein anderer Weg ins Auge gefasst, um aus dem Tabak Einnahmen für das Staatsinteresse zu erzielen, nämlich die Verleihung eines Tabakapaldos[3]) an eine dazu geeignet erscheinende Persönlichkeit. Es war in Bayern nichts Neues mehr, einzelne wirtschaftliche Zweige zu verpachten oder besondere Privilegien darauf zu verleihen. So waren die Bergwerke im Fichtelgebirge an einen gewissen Johann Ernst von Altmannshausen um 550 fl. jährliches Bestandgeld auf 8 Jahre verpachtet worden[4]). Der schon genannte Dr. Becher, auf dessen Betreiben auch die weiter unten zu berührende Kompanie für Seidenmanufaktur entstanden war, erhielt am 12. Februar 1670 ein Privilegium auf 20 Jahre zu einer in München zu errichtenden Zuckerraffinerie[5]), und im Jahre 1672 ward einem gewissen Hötzer ein Privilegium privatum zur Er-

---

[1]) Oesterr. Revue, 1863, II. Bd., S. 106.
[2]) Die ganze Erzählung von dem Plan der Kurfürstin findet sich in einem zu Handen des Kurfürsten gesandten Gutachten über den Tabak- und Tuchhandel von Kaspar Schmid, dat. Schönbrunn 1690. Spinellis Worte lauteten an ihm: Ego dico coram crucifixo Jesu Christo, Domino meo, quod hoc salva conscientia fieri non possit, etiam in recompensationem meritorum ejus. P. Spinelli war ein von der Kurfürstin herbeigezogener Theatinermönch und Beichtvater derselben (Vehse, E., Gesch. d. deutsch. Höfe, 23. Bd., 4. Abt., 1. Teil, 1853, S. 176—177). Der hier in Betracht kommende Frh. v. Simeoni ist wohl der von Heigel, Dr. K. Th., Quellen und Abhandlungen zur neuen Geschichte Bayerns, S. 233, Anm. 33, aufgeführte Ferdinand Baron Simeoni, der Sohn des 1667 geadelten Leibarztes Stephan Simeoni, welcher seit 1669 als Truchsess aufgenommen war. Lipowsky, Ferd. Maria, S. 214, erzählt, dass ein Bruder des genannten Leibarztes im kurf. Schloss gewohnt und beim Schlossbrand 1674 auf Aufforderung der Kurfürstin deren erste Kammerfrau, Madame Verreoni, gerettet habe. Ueber Kaspar Schmids Carrière s. Heigel, Dr. K. Th., a. a. O. S. 25, Anm. 71.
[3]) Der und das Apaldo, Apalto, davon Apaltator, vom ital. appalto, Pacht, appaltatore, Pächter.
[4]) Lipowsky, Ferd. Maria, S. 170—171.
[5]) Simonsfeld a. a. O. S. 24. Freyberg a. a. O., II, S. 475, schreibt irrtümlich Dr. Bacher.

richtung einer Manufaktur des Gold- und Silberdrahtziehens in München erteilt [1]). Aus dem Tabak hatte man auch anderwärts durch Verpachtung einen Ertrag zu gewinnen gewusst. So wurde 1674 in Frankreich ein Monopol der Tabakfabrikation eingerichtet und dasselbe verpachtet [2]). Eine Kalamität auf einem anderen Gebiete war der äusserliche Anlass, dass man in Bayern der Tabakverpachtungsangelegenheit näher trat. Hier hatte man seit langem ein besonderes Interesse für die Seidenkultur. Schon im Jahre 1625 hatte Max I. den Plan ins Auge gefasst, in Bayern den Seidenbau einzuführen. Die kriegerischen Zeitläufte liessen jedoch den Gedanken nicht zur Ausführung kommen [3]). Der wiederholt genannte Becher brachte vor seinem Scheiden aus Bayern im Jahre 1665 eine „privilegierte, kurbayrische Seidenkompanie von Privatpersonen in München" zustande [4]), welche aber wenig prosperierte. Im Jahre 1670 wurde behufs der Erhaltung der Seidenmanufaktur in Bayern eine grosse Handelsgesellschaft gebildet. Nach Freyberg [5]) soll die Kompanie vom Geheimratssekretär Jobst zusammengebracht worden sein; das Werk habe zuerst gute Geschäfte gemacht, sei aber dann durch die Achtlosigkeit und Verschwendung eines gewissen van Uffel, dem die Direktion übertragen war, zu Grunde gerichtet worden. Sicher ist, dass die Gesellschaft im Jahre 1674 vor einem kläglichen Fallissement stand. Man kam nun auf den Gedanken, dieser Seidenkompanie durch Erträgnisse aus dem Tabak auf die Beine zu helfen. Zuerst wurde sondiert, wie sich diesem Projekte gegenüber die Theologen verhalten. Daher wandte man sich an die Patres Frey [6]) und Spinelli mit der Frage, ob man „zur Erhaltung des Kredits und zur Ausmerzung der so grob erlittenen Scharten das Tabakapaldo nicht nomine alicujus privati, sondern nomine publico einführen dürfe". Von beiden kam eine bejahende Antwort [7]). Zur Uebernahme des Apaldos meldete sich sogleich ein Bewerber in der Person des P. Bignami aus Piacenza. Derselbe hatte von einer in München bestehenden „Compagnia del Traffico", welche wenig bessere Geschäfte machte als die Seidenkompanie, eine grössere Summe gut und wollte nun durch Uebernahme des Tabakapaldos nicht nur zu seinem Guthaben kommen, sondern auch in München zu einer konsolidierten geschäftlichen Stellung gelangen. Er liess durch vertraute Freunde [8]) einen Vertragsentwurf einreichen, in welchem das Anerbieten gemacht ist, dass Bignami für den Tabakapaldo in 8 Jahren 32,000 fl., also jährlich 4000 fl. zahle, jedoch müsse er im dritten und vierten Jahre sein Guthaben abziehen dürfen. Ausserdem verlangte er Bürger in München zu werden, zollfreie Einfuhr des Tabaks und gebührende Berücksichtigung, im Fall durch Kontagien und Krieg der Tabakhandel beeinträchtigt würde. Gegenüber dem kläglichen Aufschlagserträgnis seit 1669 war nun dieses Angebot allerdings ein ziemlich hohes. Dessenungeachtet wurde dem

---

[1]) Freyberg a. a. O., II, S. 474.
[2]) (G. Mayr), Das Deutsche Reich und das Tabakmonopol, 1878, S. 90.
[3]) Exzerpte aus den Akten über Seidenbau im Münchener Kreisarchiv von einem Archivbeamten.
[4]) Simonsfeld a. a. O. S. 18.
[5]) Freyberg a. a. O. S. 395.
[6]) Bernhard Frey, O. S. J., Beichtvater und Ratgeber des Kurfürsten.
[7]) G.A. Gutachten Kaspar Schmids, Schönbrunn, 1690.
[8]) Der schon genannte van Uffel rühmt sich, dass er durch einen sicheren Zanchetto den Tabakapaldo in Gang gebracht habe. Freyberg a. a. O., II, S. 397.

Kurfürsten von dem Eingehen auf diesen Pakt abgeraten. Die Gegenmotive[1], welche wohl von der Landschaft ausgegangen sein mögen, führen aus, dass es dem Bignami nur darum zu thun sei, sein ausstehendes Geld zu bekommen, und er daher alles wage: es strebe derselbe das Münchener Bürgerrecht und eine Hofhandlung mit allerhand Waren an, deren Betrieb den Tabak übertragen müsste; ausserdem fehle ihm als Ausländer die Kenntnis der Verhältnisse; das Unternehmen könnte nicht rentieren; bei 4000 fl. Pacht müsste Bignami, da den Konterbanden nicht gesteuert zu werden vermöchte, auf den Zentner Tabak 20 fl. legen; der Punkt wegen der Kriegszeiten würde von dem Apaltator nur als Falle benützt werden, endlich würden die Krämer schlecht fahren, da ihnen nicht mehr geborgt und der Tabak verteuert würde. Die „Gegenmotiva" befürworten, man solle mit dem Paktanten dahin übereinkommen, dass er jährlich 1000 fl. an die Landschaft für den Entgang an Aufschlag, ferner die Maut und den Zoll entrichte; ausserdem solle er noch von jedem Zentner im Land verbrauchten Tabaks 1½ fl. zu zahlen und 3000 fl. sogleich zu erlegen haben, die ihm jedoch im Verlauf von 3 Jahren wieder gut zu schreiben seien. Wenn man den „Gegenmotiva" darin hätte recht geben wollen, dass der Schwärzerei nicht beizukommen sei, so hätte die Seidenkompanie wenig Hoffnung gehabt, dass ihr aus den Tabakerträgnissen geholfen werde. Der Aufschlag von 1½ fl. per Zentner würde dann kaum zur Abzahlung des Vorschusses von 3000 fl. gereicht haben. Es ist daher nicht zu verwundern, dass der Kurfürst sich nach längeren Verhandlungen für Bignamis Angebot von jährlich 4000 fl. entschied, von welcher Summe laut Uebereinkommens vom 24. November 1675 die Landschaft 1000 fl. beziehen sollte[2]). Am 2. Dezember 1675 erschien das Generalmandat[3]), welches den Vertrag mit Bignami zur öffentlichen Kenntnis brachte und im wesentlichen lautete: „Es ist aus sonderen Ursachen an Peter Bignami aus Piacenza gegen gewisse Konditionen ein Apaldo auf Tabak in unserem Lande verliehen worden. Es wird daher jedem verboten, Tabak oder Pfeifen einzuführen, oder mit dem im Lande wachsenden Tabak Handelschaft zu treiben bei Vermeidung der Konfiskation des Tabaks und der Pfeifen und 8 fl. Strafe vom Pfund Tabak, wovon die Hälfte der Hofkammer, die andere Hälfte dem geheim zu haltenden Angeber zufallen soll. Ausserdem sollen noch andere Strafen angewendet werden können. Innerhalb 14 Tagen ist aller Tabak dem Apaltator anzuzeigen und demselben käuflich zu überlassen; wenn er denselben nicht will, so ist der Tabak ausser Landes zu schaffen. Wer eine Subkonduktion anstrebt, kann mit Bignami darüber in Unterhandlung treten; die Ober- und Unterbeamten haben den Bignami und seine Agenten in der Ausführung des Mandates zu unterstützen." Durch ein neues Mandat[4]) wurde dann etwas später den aufgetretenen Zweifeln gegenüber festgestellt, dass sich das Verbot des Tabakhandels auch auf den unvermischten Schnupf- und pulverisierten Tabak

---

[1]) G.A. Vertragsentwurf und Gegenmotiva und Erinnerung resp. Eventualerklärung über die verfassten Punkte eines Apaldo auf den Tabak in dem Kurfürstentum und Landen Ober- und Niederbayern (ohne Datum und Unterschrift).

[2]) G.A. Verzichterklärung der Landschaft auf den Tabakaufschlag gegen eine jährliche Entschädigungssumme von 1000 fl. vom 24. November 1675.

[3]) M.St.B. V. 48.

[4]) Generalmandat vom 11. Februar 1676. M.St.B. V. 50.

beziehe und also auch dieser nur von Bignami erhandelt werden dürfe [1]). Aus dem ersteren Mandat sieht man, dass die neue Einrichtung durch Androhung empfindlicher Strafen gestützt wurde; aber dessenungeachtet konnte bei dem Mangel einer wirksamen Kontrolle den Schwärzern gegenüber, die durch die damaligen bayrischen Territorialverhältnisse noch erschwert wurde, dem Schmuggel nicht ausreichend gesteuert werden; die Nürnberger lieferten den Tabak an den bayrischen Tabakunternehmer um die teuersten Preise, verschleuderten ihn dagegen vielfach an die anderen Abnehmer. Das Bignamische Unternehmen war daher nicht in Flor zu bringen, sondern nahm ein schnelles und klägliches Ende. Im August 1676 musste Bignami vom Apaldo zurücktreten und es dem Nürnberger Handelsmann Leonhard Pistrich und dessen Schwiegersohn Georg Pirkenauer überlassen. Am 3. August 1676 übernahmen sie, den Zahlungen nach zu schliessen, unter den gleichen Bedingungen wie Bignami das Apaldo. An demselben Tage wurde ihnen das ausschliessliche Recht, mit Rauch- und Schnupftabak und Pfeifen zu handeln, durch ganz ähnliche Bestimmungen [2]), wie sie zu Gunsten Bignamis erlassen worden waren, verbürgt. Neu war dabei, dass man den Tabak und die Pfeifen aus der Hauptniederlage in Stadtamhof bei Regensburg holen oder „verschreiben" lassen musste. Unterm 13. November desselben Jahres wurden die gegebenen Bestimmungen wiederholt eingeprägt und am 20. März 1677 infolge der vielen Konterbanden verschärft [3]). Letzteres Mandat klagt, dass durch Unfleiss und freiwilliges „durch die Finger sehen", durch allerhand listige Ränke und Riebe eine grosse Menge von Tabak zu des Apaldos grösstem Beschwer und Schaden hereingeschwärzt und in Bayern verschleisst werde. Abhilfe solle durch sorgfältigere Kontrolle durch die Ueberreiter und wo nötig durch eigene Beschauer und durch vorsichtigere Erteilung der Durchfuhrbolletten erreicht werden. Letztere werden daher nicht mehr an der Grenzmaut, sondern von den Apaltatoren selbst und dem von ihnen aufgestellten Faktor Wolf Jakob Kraus erhältlich und vom Abladeort mit Unterschrift an dieselben zurückzuschicken sein. In betreff des Blätterbaues wurde ungehinderter Verkauf derselben ins Ausland gestattet; ferner wurde bestimmt, dass bei Schwärzungen von weniger als einem Pfund Tabak die entfallenden Strafgelder zwischen der einschlägigen Ortsobrigkeit und dem Angeber gleichheitlich geteilt werden, von den grösseren Beträgen der Angeber statt der früheren Hälfte ein Drittel bekommen solle. Durch diese schärferen Massregeln ward nun allerdings erreicht, dass sich der Verschleiss der Apaltatoren sichtlich hob; denn vom April bis zum Schlusse des Jahres 1677 will Pistrich, trotzdem von den 12,017 durchpassierten Zentnern in Bayern manches hängen geblieben sein mag, 1500 Ztr. vertrieben haben [4]). Aber zu einem günstigen finanziellen Ergebnis wollte dieser Geschäftsaufschwung nicht führen. Pistrich sah sich am Schlusse des Jahres 1677 zur Vorlage einer Erinnerungsschrift an den Hofrat [5])

---

[1]) Auf die Oberpfalz erstreckte sich das Apaldo nicht.
[2]) G.A. Generalmandat vom 3. August 1676.
[3]) Generalmandat vom 20. März 1677. M.St.B. V. 58. (Das Mandat vom 13. November 1676 findet sich nicht mehr vor.)
[4]) G.A. Pistrichs Eingabe an den Kurfürsten vom 19. April 1679.
[5]) G.A. Erinnerungsabschrift, was der Zentner Tabak mit allen Unkosten zu stehen kommt, übergeben 29. Dezember 1677.

veranlasst, in welcher er den Stand seines Unternehmens sehr düster schildert. Er legt dar, dass ihn selbst der Zentner Nürnberger Tabak auf ca. 25 fl. komme, während er ihn um 22 fl. und noch billiger verkaufen müsse[1]); er habe daher bisher nicht nur nichts verdient, sondern sogar die an den Kurfürsten schon abgelieferten 6000 fl. und andere Gelder aus eigenen Mitteln bezahlt. Ein Wachsen des Geschäftes musste bei solcher Sachlage den Ruin des Unternehmers nur beschleunigen. Mit dem Detailpreis, der schon 14—15 kr. für das Pfund betrug, konnte man nicht mehr hinaufgehen, und wahrscheinlich hätten einen solchen Aufschlag die Nürnberger Kaufleute mit einer Erhöhung der Engrospreise beantwortet. Pistrich blieb mit der Pachtsumme im Rückstande, Konfusion in seinem Geschäfte und eine weit verbreitete Unzufriedenheit[2]) führte schliesslich dahin, dass ihm das übertragene Werk, an dem er einen Schaden von 70,000 fl. gehabt haben soll[3]), abgenommen werden musste.

Pistrichs Sturz wurde natürlicherweise von den Handelskreisen zu dem Versuche benützt, dem Apaldo den Garaus zu machen. Es wurden in diesem Betreff von dem Kurfürsten verschiedene Gutachten eingeholt[4]) und von jeder Stadt und jedem Markt zwei der vornehmsten Handelsleute nach München berufen, um sich über des Kurfürsten Absichten zu beraten[5]). In diesem Kaufmannslandtag soll der Vizekanzler Wämpl die gnädigsten Intentionen in betreff der Manufakturen eröffnet und die Uebernahme des Tabakapaldos den Kaufleuten empfohlen[6]), ja zur Uebernahme desselben mit Versprechungen grösserer Gnaden angeregt haben[7]). Es waren jedoch die freihändlerisch gesinnten Elemente in ganz überwiegender Majorität vertreten und diese wollten von solchen Plänen nichts wissen. In betreff des Apaldos sollen 250 der vornehmsten Kaufleute ein solches Werk für unmöglich erklärt haben[8]). Dessenungeachtet fand sich aber ein Mann, der sich trotz des Widerspruches seiner Handelsgenossen[9]) zu der Uebernahme des Tabakapaldos bereit erklärte. Es war dies Johann Senser, des Innern

---

[1]) Pistrichs Rechnung stellt sich folgendermassen dar:
  1 Ztr. Tabak Nürnberger Gewicht 13 fl.
  10 Pfd. Gewichtsverlust . . . . 1 fl. 30 kr.
  Provision . . . . 1 fl.
                                15 fl. 30 kr.
Mit Fuhrlohn, Faktorgeld, Wag- und Zollamtagebühr, 4 Prozent Provision der Subapaltatoren, Abgang durch Eintrocknen, Abgang durch Tara kommt der Zentner auf 20 fl. 30 kr. Für Faktoren, Ueberreiter treffen auf den Zentner Tabak 4 fl. 30 kr., Summa 25 fl.

[2]) Laut kurfürstlichen Freiheitsbriefes für den Handelsmann Johann Senser, datiert 29. Januar 1678. G.A.

[3]) So berichtet Senser. G.A. Schreiben des Kommerzienrates an den Kurfürsten vom 14. Dezember 1694.

[4]) Ebenda.

[5]) G.A. Sensers Bericht vom 26. März 1695.

[6]) So berichtet Freyberg a. a. O. II, S. 430—431 auf Grund einer Senserschen Behauptung vom Jahre 1698.

[7]) G.A. Sensers Schreiben an den Geheimrat v. Mayr vom 16. August 1691.

[8]) Ebenda.

[9]) Freyberg berichtet a. a. O. II, S. 418, auf Grund einer Senserschen Behauptung vom Jahre 1695, 200 Handelsleute hätten, um den Senser vom Apaldo abzuschrecken, zu Protokoll gefordert, man solle ihn als einen ungeschickten Angeber ganz unmöglicher Sachen so lange in den Falkenturm sperren, bis er den Handelsleuten allen ihnen verursachten Schaden ersetzt haben würde.

Rat und Handelsmann in Schrobenhausen, der bereits zu Pistrichs Zeiten den Tabakhandel an den bayrischen Grenzen besorgte, zu geringer Förderung des Pistrichschen Unternehmens, da ihm letzterer einen um 2—3 fl. niedrigeren Ausnahmspreis machen musste[1]). Da Sensers finanzielle Verhältnisse ziemlich derangiert waren, so verband er sich mit den Münchener Handelsleuten Vapichler, Oppenrieder und Skaguler zu einem Konsortium. Die beiden ersteren, „schlechte und unvermögliche Krämer"[2]), konnten ein Verlagskapital gar nicht beischiessen, der letzte, welcher in etwas besseren Verhältnissen stand, soll nach Senser[3]) 10,000 fl. hergegeben haben. Von den Gegnern des Konsortiums wird später freilich behauptet, die Gesellschaft habe nur 3000 fl. zusammengebracht. Auf mehr als 13,000 fl. hat sich das Vermögen nach Sensers eigenem Geständnis[4]) nicht belaufen, wobei das Sensersche Besitztum in Schrobenhausen schon mitgerechnet war. Am 29. Januar 1678 wurde der Vertrag[5]) mit dem Tabakkonsortium abgeschlossen und den neuen Pächtern ein vom Kurfürsten unterschriebener Freiheitsbrief[6]) ausgestellt. Die Bestimmungen des ersteren gingen im wesentlichen dahin: 1. Senser und Konsorten allein sollen die nächsten 8 Jahre den Tabak- und Pfeifenhandel selbst treiben oder von aufgestellten Krämern treiben lassen; 2. sie haben jährlich 8000 fl. in monatlichen Fristen zu zahlen; weil die Ausstellung der Mandate Zeit braucht, soll das erste Vierteljahr frei sein; 3. von den Konfiskationen und Strafen soll die Hofkammer zwei Drittel bekommen, das andere Drittel soll zu gleichen Teilen den Apaltatoren und dem Angeber zufallen; 4. in jedem Rentamt wird eine Tabakniederlage errichtet und der Tabak um 6—7 fl. billiger geliefert, als er gerade im Preise steht. Wenn der Tabak von den Apaltatoren genommen wird, so soll Handel und Wandel mit demselben frei sein, wie vor dem ersten Apaldo. Ebenso soll der Tabakbau gestattet sein, wenn die Blätter an die Apaltatoren geliefert oder nur mit deren Erlaubnis ausgeführt werden; 5. die Unternehmer sollen an geeigneten Orten Tabakfabriken errichten dürfen; 6. Senser und Genossen erhalten ein Patent, das ihnen den Beistand der Obrigkeit und die exekutive Eintreibung ihrer Ausstände und die genaueste Kontrolle zusichert. Mit der Abgabe der Durchgangsbolletten wird statt des W. J. Krauss ein anderer Nürnberger Bürger betraut. Der ins Land kommende Tabak, ebenso die Pfeifen sollen maut- und zollfrei sein; eine Steigerung der Pachtsumme wird, wenn der Fortgang des Apaldos eine solche rechtfertigen lässt, im Auge behalten. Die ganze Verwilligung soll der kurfürstlichen Macht und Höhe keinen Abbruch thun, Senser und Konsorten durch Handgelübde die Bedingungen zu halten versprechen. Es war von Senser dieser Vertrag mit Vorsicht und Schlauheit entworfen. Die gegen früher doppelt so hohe Pachtsumme und die Aussicht auf weitere Leistungen waren geeignet, den Kurfürsten zu gewinnen; der versprochene Preisrückgang musste den Konsumenten, die Gestattung des Blätterbaues den Tabakbauern beruhigen; die innerhalb des Rahmens des Monopols zugesicherten

---

[1]) G.A. Pistrichs Erinnerungsabschrift vom 29. De'ember 1677.
[2]) G.A. Bericht der Tabakkommission vom 28. Juni 1698.
[3]) G.A. Sensers Schreiben an den Kurfürsten, 30. Januar 1699.
[4]) G.A. Sensers Protokoll vom 1. August 1691.
[5]) G.A. Kontrakt vom 29. Januar 1678.
[6]) G.A. Freiheitsbrief vom 29. Januar 1678.

weitgehenden Freiheiten des Handels sollten die Handelsleute mit der neuen Ordnung der Dinge aussöhnen. Als aber am 7. Februar 1678 das Generalmandat[1]) erschien, welches die Uebertragung des Tabakapaldos an Senser und Konsorten verkündete, war leicht zu merken, dass mit dem Senserschen Unternehmen ein schärferer Wind zu wehen angefangen habe. Die Kontrollmassregeln waren durch dasselbe wesentlich verschärft worden, indem „zur besseren Bestreitung des an sich wichtigen und weitschichtigen Apaldowerkes und zur Verhütung der Konterbanden" von den Apaltatoren an mehreren Orten Uebereiter, Besichtiger und Beschauer bestellt werden durften, welche die Waren bei der Ausladung zu beschauen hatten, damit nicht fast täglich Zentner von Tabak unter den verschiedensten Verpackungen und Deklarationen ins Land hereingebracht werden. Diese Beschauer sollten ein kurfürstliches Patent bekommen und ihnen die Beamten, Ortsobrigkeiten und Unterthanen bei Ausübung ihres Berufes nicht nur nicht hinderlich, sondern behilflich sein. Es kann nicht wunder nehmen, dass durch diese strengen Bestimmungen die Opposition gegen das Apaldo an Boden gewann, um so mehr, als auch die Nürnberger Handelsleute immer dagegen schürten. Als Sprachrohr derselben wandte sich der ehemalige Tabakpächter Pistrich an den Kurfürsten. Es waren dem Pistrich vom Kurfürsten die gesamten (nicht nur die auf ihn treffenden) Konterbande- und Konfiskationsstrafen zugebilligt, ihm der Titel eines Hof- und Armaturhandelsmannes verliehen und ihm Schutz gegen allenfallsige Verfolgungen wegen des geführten Tabakapaldos versprochen worden[2]). Um sich für dieses Wohlwollen erkenntlich zu zeigen, reichte er seine „Unterthänigsten Gedanken und unmassgeblichen Vorschlag"[3]) ein, worin er dem Kurfürsten von der Bereitwilligkeit der Nürnberger Kaufleute, von jedem im Lande bleibenden Zentner Tabak 2 fl., vom durchgehenden 1 fl. und von jedem Pfund Brasil- oder Schnupftabak 4—6 kr. Aufschlag zu zahlen, Kenntnis gab. Pistrich legte weitläufig dar, dass der Kurfürst durch Einführung eines solchen Aufschlages nur dem Beispiele anderer Reichsstände und Kurfürsten und der Kaiserlichen Majestät[4]) folge und sich die Ungelegenheiten der Konterbanden erspare. Durch eine solche Massregel würde dem Landmann genützt, dem Seidenwesen aufgeholfen, Müssiggang und Bettel durch Verschaffung von Arbeitsgelegenheit abgestellt; es könnten dadurch andere Manufakturen introduziert, die nötigen Zuchthäuser gebaut, die Kommerzien gefördert, das kurfürstliche Interesse bei den Mauten und Zöllen vermehrt werden; die löbliche Landschaft gewänne an Aufschlag, Umgeld und Gefällen, Landeswohl und Population würden wachsen. Zum Beweis, dass er nicht leere Hirngespinste vertrete, legte er seine Berechnung vor. Bei 12,000 Ztr. Durchfuhr und 3000 Ztr. Verbrauch im Innern ergeben sich ohne Brasil 18,000 fl.; diese Summe bleibe dieselbe, wenn man zur Erhaltung des Geldes im Lande den Tabakbau fördere und sich auch vom inländischen Tabak 2 fl. Steuer zahlen

---

[1]) M.St.B. V. 72.
[2]) G.A. Signat vom 4. Juli 1678.
[3]) G.A. Unterthänigste Gedanken und unmassgeblicher Vorschlag vom 19. April 1679 von L. Pistrich.
[4]) In Oesterreich finden wir 1678 die erste Tabakverpachtung. Ein gewisser Liscadin und Donadoni erhielten gegen einen Pachtschilling von 2400 fl. das Recht zum Alleinhandel mit Tabak in Innerösterreich. Oesterr. Revue 1863, II, S. 107.

lasse. Es empfehle sich, einen Kommerzienrat zu bilden, dessen Mitglieder aus schon vorhandenen Räten genommen und von dem bezahlt werden können, was der Aufschlag über 15,000 fl. trage. Es ist nicht unwahrscheinlich, was Pistrich behauptet, dass seine Vorschläge von Ferdinand Maria sehr gut aufgenommen waren. Aber dieser Fürst starb am 26. Mai 1679, und es übernahm für dessen minderjährigen Sohn Max Emanuel des Verstorbenen Bruder Maximilian Philipp, Landgraf zu Leuchtenberg, die vormundschaftliche Regierung. Dieser Regierungswechsel brachte jedoch in die Bestrebungen Pistrichs und seiner Verbündeten keine Stockung. Es wurde vielmehr der neue Regent sofort durch das Vorbringen, dass bei Freigabe des Handels mit Tabak letzterer wesentlich billiger würde, zu gewinnen gesucht [1]). Von der kurfürstlichen Administration wurde nun vor allem die Pachtgesellschaft, bezw. Senser [2]) gehört. Er hütete sich, gegen das Prinzip des Freihandels aufzutreten, und gab daher zu, dass sich gegen den Nürnberger Vorschlag, wie er auf dem Papiere stehe, nichts sagen lasse; es scheine jedoch, dass die Nürnberger nur das wohlstabilierte Tabakapaldo über den Haufen werfen wollen, damit sie es dann in der Handelschaft wieder wie früher „nach ihrem Gefallen und Willen spielen und treiben" könnten. Die Nürnberger, meint er, würden sich bald für den Tabak 2—3 fl. mehr zahlen lassen, ihr Anerbieten hätte keinen Bestand, und sie würden wie von jeher durch Schleicherei den Aufschlag umgehen. Dadurch, dass 1000 Ztr. Tabak im Lande fabriziert werden, sei der Nürnberger Tabak um 6 fl. heruntergedrückt, Brasil und Pfeifen billiger geworden; auch behalte man durch die einheimische Fabrikation grosse Summen im Lande, die sich bald noch erhöhen werden und nebenbei fördere man das einheimische Gewerbe, denn die Augsburger und Nürnberger wollen nur wegen der übrigen Waren das Apaldo aufgehoben wissen. Durch die Tabakfabriken werden viele Leute ernährt und es können, wie es in Schrobenhausen und Geissenfeld schon vorgekommen, die Unkatholischen zur Konversion ins Land gezogen werden. So sei erst in Schrobenhausen ein Arbeiter mit Weib und 6 Kindern katholisch geworden. Uebrigens würden, wenn auch die Nürnberger den Aufschlag geben wollten, andere Städte, wie Regensburg, Augsburg, Salzburg sich nicht daran kehren. Man solle daher das Apaldo behalten, es werde später bis zu 16,000 fl. tragen, und dann seien die Seideninteressenten doch besser daran. Die Manufakturen könnten, wenn man beim Apaldo verharre, weit eher als auf dem angeratenen Weg eingeführt werden. Zum Schluss erklärt Senser stolz, wenn er ohne Schaden wegkomme, so wolle er das Apaldo gern aufgeben, falls der Aufschlag nur 1 fl. mehr ertrage. Mit diesem Angebot seines Verzichtes war es jedoch Senser durchaus nicht Ernst; seine Bestrebungen waren vielmehr unter der vormundschaftlichen Regierung darauf gerichtet, das Apaldo zu befestigen. Er erwirkte von Maximilian Philipp ein Generalmandat [3]), durch welches einem rücksichtslosen System der Weg gebahnt wurde. Um die Obrigkeiten zu energischem Einschreiten gegen Konterbanden zu veranlassen, sollten sie im

---

[1]) Zu diesem Zwecke wurde ein Interzessionsschreiben von Bürgermeister und Rat zu Nürnberg vom 2. Juli 1679 in Vorlage gebracht. G.A.

[2]) G.A. Ueber einen an den verstorbenen Kurfürsten gebrachten Vorschlag, statt des Tabakapaldos freie Einfuhr und Handlung einzuführen (ohne Datum).

[3]) Generalmandat vom 11. Juni 1679. M.St.B. V. 81.

Falle gerichtlicher Verhandlungen gegen dieselben von den bisher der Hofkammer zustehenden zwei Dritteln des konfiszierten Gutes und der Strafgelder ein halbes Drittel erhalten. Unvermögliche Tabakhausierer etc. sollen auf Kosten des Apaldos in Haft genommen werden dürfen, bis sie ihre Abnehmer angeben, an welche dann die Apaltatoren den Regress haben. Ausländer sollen wie Inländer, Hehler wie die Konterbandierer selbst bestraft werden. Jeder Amtmann, ob Gerichts-, Kloster-, Hofmarksdiener oder Schörg, erhält für jedes eingezogene Pfund geschwärzten Tabaks 6 kr. Anzeigegebühr; wird ein von den Apaltatoren aufgestellter Faktor beim Schwärzen ertappt, so kommt zu dem ausgemachten Sechstel, welches der Angeber erhält, eine Rekompense von 18 fl. Weil zum Tabakblätterbau gewisse Handgriffe und Wissenschaft gehören, so soll ohne des Hofrates Erlaubnis niemand Tabak bauen. Gegen Zuwiderhandelnde wird wie gegen Konterbanden eingeschritten, gegen Zahlungsunfähige mit Springern oder Schellen mit „Anhalshängung" des bei ihnen vorgefundenen Tabaks vorgegangen. Jeder Faktor hat einen gewissen Bezirk, bei dem die Krämer den Tabak nehmen und dann um einen gewissen Preis verkaufen müssen. Die Städte Donauwörth, Mindelheim, Wemding und die Oberpfalz werden von den Apaltatoren mit einem besonderen Tabakgut versehen, und es ist ihnen daher der Verkauf des Tabakes in den bayrischen Landen, und den bayrischen Unterthanen der Kauf und die Abholung des Tabaks aus vorgenannten Gebieten gänzlich verboten. Auf das bei den Krämern vorhandene Tabakgut haben die Apaltatoren bei Ganten ein Vorzugsrecht.; Tabak und Pfeifen, welche eingeführt werden, müssen mit dem Zeichen J. S. C. versehen sein. Neue Ueberfahrtsstellen über das Wasser dürfen nicht mehr eingeführt, bei hergebrachten verdächtige Personen nicht befördert werden. Endlich soll das ganze Mandat mit den anderen Generalien alle Jahre vor der Kirche publiziert werden.

Durch dieses Mandat hatte das Apaldo einerseits eine bedeutende räumliche Ausdehnung erreicht, anderseits war durch drakonische Bestimmungen der Vollzug der gegebenen Verordnungen möglichst gesichert worden. Den Tabakbauern, den Händlern und dem gesamten Publikum erwuchsen schwerere Belästigungen, als es je gegeben hatte. Die ungebildeten Aufsichtsorgane waren durch Aussicht auf Belohnungen zu hässlicher Denunziation verlockt, von den Angestellten einer der Spion des andern. Von einer Regierung, die zu solchen Neuerungen die Hand bot, war in bezug auf Aufhebung des Apaldos nicht viel zu erwarten; und doch musste gerade dieses Vorgeben zu einem erneuten Ansturm auf das Apaldo ermuntern. Vielleicht schien es Pistrich bei seinem neuerlichen Angriff gegen das Sensersche Apaldo günstig, dass unterdessen ein Wechsel in der Person des Staatsoberhauptes eingetreten war. Am 11. Juni 1680 hatte nämlich Max Emanuel die Regierung des Landes selbst übernommen. Da bei einer solchen Aenderung die Gelegenheit, auf das gefährdete Volkswohl hinzuweisen, am passendsten erschien, so betonte Pistrich, der früher die Hebung des kurfürstlichen Interesses in den Vordergrund gestellt hatte, in seiner Eingabe vom 24. August 1680 [1]) insbesondere den Schaden, welchen die Krämer und Handelsleute durch das Apaldo erleiden, während sich die Apaltatoren un-

---

[1]) G.A. L. Pistrichs, Handelsmann Anlangen wegen freier Tabakhandlung vom 24. August 1680.

gebührlich bereichern. Er schreibe, führt er aus, nicht allein auf Antrieb der Nürnberger Kauf- und Handelsleute, sondern hauptsächlich in Rücksicht auf die Tabakhändler und Krämer in Städten und Märkten, besonders in München, die wegen des allzu teuren Kaufes und des schlechten Gutes um all ihr Gewerbe gekommen seien; die Apaltatoren nehmen nicht nur den völligen Tabaknutzen, sondern bringen auch in anderen Waren die Krämer um ihre Kundschaft. Wenn man ihm nur die Hälfte von der Assistenz geleistet hätte, welcher sich Senser erfreue, so hätte er 15,000 fl. für den Apaldo bezahlt, und die Klagen der Händler, Krämer und Käufer würden ausgeblieben sein. Das Unternehmen Sensers und Konsorten habe bei Beamten, Hofmarksobrigkeiten und Bürgern grosse Schwierigkeiten und erbitterte Feindseligkeiten erzeugt. Die Compagnie profitiere jährlich 24,000 fl., während dem Kurfürsten nach Abzug der Ausgaben für die Generalien und einige veranlasste Besoldungen kaum 6000 fl. bleiben; und doch wäre es ein Leichtes gewesen, für 1600 Ztr. Durchfuhr und 4000 Ztr. inländischen Verbrauch 24,000 fl. zu vereinnahmen.

Es hatte die Aussicht, so leicht zu einer so beträchtlichen Summe zu gelangen, etwas Bestechendes für den jungen Kurfürsten. Er liess daher das Projekt des Pistrich und der Nürnberger am 31. August 1680 an den gerade in Augsburg weilenden Freiherrn Kaspar von Schmid[1]) mit dem Auftrage senden, auch von Herrn Baron Mayr[2]), wenn er von der Reise heimkomme, und vom Dr. Jobst ein Gutachten einzuholen und dann über das Projekt zu referieren. Das von Schmid verlangte Gutachten findet sich nicht vor; so viel scheint jedoch sicher, dass sich der Kanzler Schmid die vom Aufschlag in Aussicht gestellten Wirkungen nicht versprach, an Mayr und Jobst aber hatte das Sensersche Unternehmen eher Fürsprecher als Gegner. Ueber ein Jahr wurde die Sache hin und her erwogen, jedoch in der Zeit zwei das Sensersche Werk festigende Mandate erlassen[3]). Am 29. August 1681 konnte Senser[4]) ruhig erklären, wenn er und seine Konsorten schadlos gehalten werden, so wolle er gern den Apaldo der kurfürstlichen Hofkammer überlassen, ein Gedanke, der von Schmid herzurühren scheint; dass es zu einer Uebernahme vorerst nicht kommen werde, hatte er längst gemerkt.

Unter Sensers Leitung, denn von dessen Konsorten hatte nur Vapichler als Buchhalter einigen Einfluss, gingen nun die Geschäfte auf einmal flott. Das widerwärtigste Hindernis einer wirksamen Kontrolle war der Umstand, dass innerhalb des Apaldogebietes mehrere nicht bayrische Gebiete lagen. Schon Pistrich hatte deshalb mit dem Bischof von Freising dahin paktiert, dass gegen eine Entschädigung von 600 fl. das Apaldo auf die bischöflich freisingischen und regensburgischen Gebiete ausgedehnt werde[5]). Senser liess sich's weitere 500 fl. kosten, um auch in Mühldorf, Ortenburg und in ein paar kleineren Orten das Apaldo einzuführen. Der inländische Tabakbau,

---

[1]) G.A. Schreiben an den Hochwohlgeb. Frh. Kaspar Schmid, Geh. Ratskanzler vom 31. August 1680.
[2]) Ueber den Geheimrat v. Mayr vgl. Vehse a. a. O. S. 228, Anm.
[3]) G.A. Mandat vom 17. November 1680, besonders gegen Hausierer, Meichsner, Putten- und Krätzenträger, und Mandat vom 29. April 1681. Ersteres auch M.St.B. V. 95.
[4]) G.A. Erklärung Sensers vom 29. August 1681.
[5]) Freisingsche Tabakakten im Kreisarchiv München.

welcher früher ganz unbedeutend war, hatte sich während der Senserschen Pachtzeit so gehoben, dass das einheimische Gut auf das finanzielle Ergebnis des Apaldos von Bedeutung war. Senser selbst rühmt sich, dass von den im Jahr verbrauchten 4000 Ztr. ¼ einheimisches Gut sei, welches in den Gegenden von Schrobenhausen, Geissenfeld und Rain gebaut und in den Fabrizierhäusern von Schrobenhausen und Rain fertig gestellt werde. Das ist nun allerdings eine Uebertreibung[1]), von Senser zu dem Zwecke gemacht, um recht augenscheinlich zu demonstrieren, wie reichliche Verdienste er sich durch Schaffung von Arbeitsgelegenheit und durch Verhinderung des Geldabflusses schon erworben habe. Seine Vorspiegelungen von ausgedehntem Tabakbau und grosser Fabrizierthätigkeit hatten aber auch noch den weiteren Zweck, auf die Nürnberger Preise zu drücken, die gegen früher auch wirklich bedeutend zurückgegangen waren. Um 4, 4½ und 5 fl. konnte man den Tabak überall haben. Sensers Geschäftsgewandtheit erwuchsen auch nicht die hohen Unkosten wie Pistrich, so dass ihn der Zentner höchstens auf 9—10 fl. zu stehen kam. Da er nun an die Krämer den Zentner um 15—16 fl. verkaufte, so ergibt sich schon aus dem Handel mit auswärtigem Tabak, dessen Verschleiss 3½ tausend Zentner betragen haben mag, ein ansehnlicher Gewinn. Da Senser ausserdem ca. 400 Ztr. einheimischen Gutes lieferte, das er um 10—14 fl. abgab und um weit weniger als die Hälfte herstellte, so ist begreiflich, dass mit dem Apaldo ein gutes Geschäft gemacht wurde. Senser gibt später selbst zu[2]), dass er im ersten Jahre einen Gewinn von 25,000 fl. erzielt habe, für die übrigen Jahre will er allerdings nur einen Gewinn von 5 Prozent zugestehen. Eine Preisverringerung im Detailhandel spürte man freilich nicht, dafür konnte aber den Krämern ein hoher Profit konzediert werden, die auch thatsächlich am Zentner 5 fl. verdienten[3]). Letztere wurden dadurch zu einer weniger feindseligen Stellung gegen das Apaldo bekehrt, und das Publikum zahlte ruhig weiter, so dass die Hofkammer[4]) 1685 berichten konnte, das Volk habe sich mit dem

---

[1]) Wie bescheiden der Sensersche Tabakbau und dessen Tabakfabrikation waren, erfahren wir aus G.A. Beilagen zum Hofratsbericht vom 31. Oktober 1685. Der Bürgermeister und Rat zu Rain berichten, Senser habe daselbst im Jahre 1679 eine um 150 fl. gekaufte baufällige Hütte zu einer Tabakfabrik adaptiert und in derselben den auf 1½ Jauchert erpachtetem Grund erzielten Tabak spinnen und zum Verkauf herrichten lassen. Es seien bei solchem Werke weder Bürger, noch pfleggerichtliche Unterthanen, sondern nur etliche Bürgerskinder gegen täglich 4 kr. Lohn, beim Tabakbau aber gar keine vogtbare Manns- oder Weibsperson beschäftiget. Der Bürgermeister und Rat von Schrobenhausen erklären, dass Senser in seiner Wohnung und zwei Kammern die in Schrobenhausen und dessen Umgegend wachsenden Tabakblätter verarbeite. Er habe 2 Pointhen von 4—5 Jauchert. Im Winter 1684 seien nach einem Zeugen von zwei Tabakspinnern und 16 Kindern 180 Ztr. fabriziert worden. Nach oben genannten Beilagen bebaute Sittl in Landshut zwei Schwaigen mit Tabak. Der Bürgermeister von Mindelheim hatte von Maximilian Philipp das Recht erworben, gegen ein jährliches Bestandgeld von 150 fl. Tabak zu bauen und zu fabrizieren.

[2]) G.A. Protokoll vom 1. August 1691. Freyberg a. a. O. II, S. 416, schreibt die Angaben des in einen Prozess mit Senser verwickelten Vapichler nach, laut welchen im ersten Jahr 8000 fl., im zweiten 10,000 fl., im dritten 12,000 fl., im vierten 16,000 fl. u. s. w., in allen 8 Jahren 104,000 fl. von Senser profitiert worden sein sollen. Anspruch auf Glaubwürdigkeit kann Vapichler schon wegen seiner feindseligen Haltung gegen Senser, die er nach seinem Austritt aus dem Tabakkonsortium an den Tag legte, durchaus nicht machen.

[3]) G A. Sensers Gegenmotiva (ohne Datum).

[4]) G.A. Gutachten der Hofkammer über Erneuerung des Tabakapaldos vom 20. Juni 1685.

Apaldo ausgesöhnt und man sei allerorten damit wohl zufrieden. Bei den Apaldogeldern dachte niemand mehr daran, sie den Seideninteressenten[1]) zuzuführen, sondern sie wanderten in die kurfürstlichen Kassen, von welchen die Landschaft nur mit Mühe die sie treffenden 1000 fl. herauszubringen wusste[2]). Die im ganzen befriedigenden Verhältnisse musste Senser benützen, um eine Fortsetzung seines Unternehmens anzubahnen. Der schlaue Mann wusste, dass der kurfürstlichen Regierung und den Ständen besonders die Zoll- und Mautfreiheit des Tabaks wenig genehm war. Senser erbot sich nun selbst, gegen Wiederholung der früheren Generalien und Verschärfung der Strafen die Mautgebühr zu entrichten. Das Generalmandat vom 5. September 1684[3]) verkündete den „getroffenen neuen Akkord". Es war in demselben den konterbandierenden Krämern und Handelsleuten mit dem Verluste des Rechtes, den Tabak zu verhandeln, im Rückfalle sogar mit Zuchthausstrafe, allen übrigen „Verbrechern" mit wirklicher „Kondemnierung" gedroht.

Unterdessen lief die Pachtzeit ab, und es wurde nun doch ernstlich in Erwägung gezogen, ob der Vertrag zu erneuern sei, oder welche andere Veranstaltungen getroffen werden sollen. Senser und Konsorten reichten bei höchster Stelle ein Memorial[4]) ein, in welchem ausgeführt war, dass für den Tabak jährlich 100,000 fl. ausser Landes gehen, was bei Fortsetzung ihres Unternehmens nach und nach aufhöre, indem sie schon jetzt jährlich 1000 Ztr. im Lande bauen und fabrizieren; dadurch werde den armen Leuten Beschäftigung vermittelt und die Kommerzien mit anderen Waren in die Höhe gebracht. Sie machten für die nächsten 6 Jahre ein Pachtangebot von 40,000 fl. und erklärten sich bereit, an den bequemsten Orten Fabrizierhäuser aus eigenem Säckel herzustellen und einzurichten; letztere sollten nach Ablauf der 6 Jahre um einen billigen Preis an den Kurfürsten übergehen. Der Kurfürst leitete dieses Memorial an die Hofkammer, welche mit Senser eine mündliche Verhandlung anberaumte und zu derselben die Räte Millauer und Oswald abordnete. In dieser Kommissionsberatung legte Senser den gläubigen Räten besonders ans Herz, wie vorteilhaft sein Werk für die religiöse Propaganda sei. Unter den 100 Arbeitern seiner Fabriken in Schrobenhausen und Rain seien 22 Personen, die von auswärtigen lutherischen Orten der Nahrung halber nach Bayern hereingekommen und nach kurzer Unterweisung in der katholischen Religion zur katholischen Kirche übergetreten seien. Als letztes Wort machte Senser das Anerbieten, in den nächsten 6 Jahren 50,000 fl. nebst der Zoll- und Mautgebühr zu bezahlen, jedoch sollte das erste Jahr, wo für Instandsetzung des Werkes, Hereinbringung der Fabrikate

---

[1]) Kaspar Schmid sagt in seinem wiederholt genannten Gutachten, dass der Graf Berchem die Sache nicht verstanden und daher die Zahlung für die Seidenkultur bald aufgegeben habe. Freyberg a. a. O. II, S. 397, ist daher nicht recht berichtet, wenn er sagt, es seien aus der Tabakapaldokasse bis zum Jahre 1678 an die Seidenindustrie 27,219 fl. geleistet worden. Freyberg bemerkt übrigens richtig a. a. O. II, S. 450, Anm., dass bis zum Jahre 1678 inkl. nur 15,000 fl. an Tabakapaldogeldern eingegangen seien. Nach dem Bericht des Kommerzienkollegiums an den Kurfürsten vom 22. Februar 1695 sind die Seideninteressenten mit etlichen tausend Gulden entschädigt worden. G A.

[2]) Am 17. Dezember 1683 und 14. August 1684 klagt die Landschaft, dass man mit der schuldigen Zahlung im Rückstand sei. Aus dem Jahre 1685 findet sich eine Rechnung, wonach die Landschaft aus den Jahren 1670—1685 noch 2816 fl. zu fordern hatte. G.A.

[3]) M.St.B. VI. 16.

[4]) G.A. Senser. Memorial (1685) als Beilage zum Bericht der Hofkammer vom 20. Juni 1685.

aus fremden Orten und Herrichtung der Fabrizierhäuser grosse Auslagen erwüchsen, ausser der Zoll- und Mautgebühr nichts bezahlt werden, die übrigen 5 Jahre würden je 10,000 fl. in 4 Terminen entrichtet[1]). Ueber Sensers Memorial und die bei der mündlichen Besprechung hervorgetretenen Gesichtspunkte wurde im Plenum der Hofkammer verhandelt, wobei der am besten informierte Rat Oswald als Referent fungierte. In dem am 20. Juni 1685 an den Kurfürsten gerichteten Gutachten[2]) erkennt die Hofkammer an, dass für dieses „liederliche Kraut" aus den bayrischen Landen allein jährlich etliche 100,000 fl. in die benachbarten Reichsstädte und andere lutherische Orte, besonders nach Nürnberg wandern. Es wäre daher am besten, wenn man dieses „abscheuliche Kraut und unnütze getränkh und gestänkh" völlig ausrotten und gänzlich abschaffen würde. Da aber die früheren Verbote nichts geholfen und die Bauersleute nur dazu veranlasst hätten, heimlich in Städeln und Scheunen zu rauchen, so könne man auf diese Weise nicht helfen. Referent und Hofkammer raten daher zu jeder Förderung des Blätterbaues und der Tabakfabrikation unter Benützung der Ratschläge der sachkundigen Apaltatoren, wodurch zu den von letzteren angegebenen Vorteilen noch der komme, dass man auch minderwertigen Boden gut ausnützen könne. Man solle daher trachten, dass man die Apaltatoren zur Zahlung von 60,000 fl. bringe, und wenn dies nicht möglich sei, so solle man ihr letztes Anerbieten von 50,000 fl. um so mehr annehmen, als ja später die Fabrizierhäuser gegen Schätzung abgetreten werden, und dann leicht auf dem Wege eines leidlichen Aufschlages eine Summe, wie sie jetzt die Apaltatoren zahlen, als beständige Einnahme zu erzielen sei. Der Vorschlag des Hofkammerrates Millauer, das Tabakwerk zur Fabrika[3]) zu legen oder die in Aussicht genommenen Fabrizierhäuser mit allem Zubehör aus Fabrikmitteln und dem Apaldobetrag zu errichten, fand die Zustimmung der Kammer nicht, weil die Fabrika an ihren bisherigen Negotien schon mehr als genug habe, und ohne die Verlängerung des Apaldos der Bau und die Fabrizierung des Tabaks litte und das ganze Werk von den Nürnbergern über den Haufen geworfen werden könnte. Auf die Lamentationen der Nürnberger, welche sich aus dem Handel mit katholischen Ländern bereichert haben, brauche man nicht zu hören, da sich der Kurfürst von niemand sagen zu lassen habe, was für Fabriken und Handelschaften zum Wohle der Unterthanen einzuführen seien.

Nachdem die Anschauungen der Hofkammer eingelaufen waren, wurden am 7. Juli Sensers Vorschläge zur gutachtlichen Aeusserung an den Hofrat geschickt. Auch der Hofrat[4]) nahm den Standpunkt ein, dass es das beste wäre,

---

[1]) Ein Protokoll über diese Verhandlung ist nicht vorhanden, den Inhalt der Beratung erfahren wir aus dem Hofkammerbericht vom 20. Juni 1685. Ueber den Wert der Senserschen Angaben in betreff des bei ihm beschäftigten Personals s. S. 23, Anm. 1.

[2]) G.A. Gutachten der Hofkammer über die Erneuerung des Tabakapaldos vom 20. Juni 1685.

[3]) Die Fabrika hat im Jahre 1679 mit 50 fl. an Geld und 2 Ztr. Wolle ihren Anfang genommen; die eigentliche Gründung fällt jedoch erst ins Jahr 1680, nachdem 79,000 fl. Kirchengelder dazu aufgenommen und Zahlungen vom Hofzahlamt dazu geleistet worden waren. Die Tabakapaldogelder sind zu dieser Zeit noch nicht an die Fabrika geflossen, wie Freyberg meint. Die Fabrika beschäftigt sich mit Tuch-, Zeug- und Strumpffabrikation. Da nur für die kurf. Regimenter gearbeitet und im Inlande die Wolle nur aus den kurf. Schererei genommen wurde, so wurde von den Gewerbetreibenden keine Opposition gemacht. Vgl. Freyberg a. a. O. II, S. 429, 398.

[4]) G.A. Gutachten des Hofrates wegen Erneuerung des Tabakapaldos vom 31. Oktober 1685.

wenn dieses ganz unnütze, in vielem Weg schädliche Getränk gänzlich abgeschafft werden könnte. Nach einem Bericht des Pflegers von Schrobenhausen seien nur wenige Personen in Sensers Tabakfabrik thätig und auch diese wenige seien schlecht genug bezahlt, der ganze Gewinn bleibe mit Ausnahme des geringen Bestandgeldes den Apaltatoren und 3 oder 4 Schreibern. Der gemeine Mann aber werde durch den unnützen Aufwand für Tabak unfähig, die öffentlichen Bürden zu tragen. Da aber die Abschaffung des Tabaks nicht möglich, so befürwortet der Hofrat ebenfalls den Blätterbau und die Fabrizierung des Tabaks; Senser soll angehalten werden, den ganzen einheimischen Bedarf selbst zu erzeugen, jedoch soll er nur mit Vorwissen des Kurfürsten oder des Hofrates Gründe zum Tabakbau an sich bringen dürfen.

Man sieht, beide Gutachten stimmten in der Verurteilung des Tabaks überein, aber beide wussten keinen Weg anzugeben, wie demselben wirksam entgegengetreten werden könnte.

Es blieb daher nichts übrig, als den Vertrag mit den Apaltatoren zu erneuern. Dies geschah am 13. Februar 1686 [1]). Den neuen Bestimmungen zufolge hatten Senser und Konsorten für 6 Jahre 60,000 fl. zu bezahlen; das erste Jahr war frei, die übrigen 5 Jahre waren monatlich 1000 fl. zu entrichten, ausserdem musste die Zoll- und Mautgebühr getragen werden. Der Tabakbau war der Compagnie auf den dazu passenden Gründen erlaubt, jedoch nur mit Vorwissen des Hofrates, die Fabrizierhäuser wurden gegen Leistung eines Geldbetrages für quartierfrei erklärt, endlich wurde festgesetzt, dass der Kurfürst nach Ablauf der Pachtzeit das Tabakwesen solle an sich ziehen und selbst betreiben oder einem anderen überlassen können, jedoch seien in diesem Falle den Apaltatoren die Fabrizierhäuser abzulösen. Noch an demselben Tage verkündete ein Generalmandat[2]), dass mit Senser und Konsorten wegen Kontinuierung des Tabakapaldos aus erheblichen Ursachen eine neue und weitere Handlung geschlossen worden sei, und dass es demnach bei den in den Druck gegebenen Generalmandaten und Patenten, besonders bei dem unterm 9. Juni 1679 ergangenen Dekret sein Verbleiben habe. Letztere sollen fernerhin auch für Donauwörth, Mindelheim und Wemding gelten. Ueber die Verwendung der von Senser zu entrichtenden Summen ward bestimmt, dass dieselben an die Fabrika abzuliefern und von dieser an die Baukommission zur Errichtung von Zucht- und Armenhäusern hinauszugeben seien[3]).

Das Apaldo ward also erneuert und kam immer mehr in Flor. Das Publikum hatte sich daran gewöhnt, bei dem Unternehmen, für dessen noch bessere Rentierlichkeit man aus der Praxis manches gelernt hatte, ging alles

---

[1]) G.A. Kontrakt vom 13. Februar 1686.
[2]) Generalmandat vom 13. Februar 1686. M.St.B. VI. 19.
[3]) Senser hatte bei den mündlichen Verhandlungen über die Erneuerung des Apaldos noch verschiedene Desiderien vorgebracht: so wollte er eine Jurisdiktion über seine Untergebenen eingeräumt haben, nicht nur seine Behausung, sondern auch seine Fabrizierhäuser von allen Lasten befreit wissen, die Geistlichen sollten sich beim Blätterbau statt des Zehnten mit einer mässigen Abfindung begnügen müssen etc. Die Erteilung einer Jurisdiktion an Senser wurde energisch zurückgewiesen, in einigen Punkten wurden weitere Erhebungen in Aussicht gestellt und in betreff der zehentberechtigten Geistlichen es dem Senser anheimgegeben, mit ihnen ein Abkommen zu treffen.

flott und unbeanstandet, so dass in der ganzen Zeit des zweiten Senserschen Apaldos neue Verordnungen nicht nötig wurden. Nach Ablauf der ersten Pachtzeit war der Konsorte Vapichler ausgeschieden[1]) und dafür der Kaufmann Angerer als Buchhalter und Konsorte aufgenommen[2]) worden. Sensers Streben nach vollständiger Selbständigkeit und Unabhängigkeit mag den Wechsel herbeigeführt haben. Der Konsum hatte sich inzwischen auf 7000—8000 Ztr. gehoben, und auch die einheimische Produktion war gewachsen, freilich kaum so, dass, wie Senser angibt, im Inland 1800 Zentner fabriziert worden wären. Es wurden nämlich von Senser in dieser Zeit wohl mehrere Fabrikanlagen erworben, in denselben konnte jedoch teils noch gar nicht, teils nur weniges Gut fabriziert werden. Zu seinen Fabrizierhäusern in Schrobenhausen und Rain kamen jetzt derartige Anwesen in Menzing, Amberg, Ried und Friedberg[3]). Sensers Nimbus wuchs, sein Vermögen wurde schon auf 80,000—100,000 fl. geschätzt, sein Einfluss in geschäftlichen und finanziellen Dingen war ein mächtiger geworden. Jetzt hielt Senser die Zeit für gekommen, mit seinen weiteren Plänen hervorzutreten. Im Jahre 1688 sandte er eine Berechnung der Summen ein, die er durch den Tabak dem Auslande schon entzogen, und schliesst daraus, was man erst durch Errichtung von Manufakturen erreichen könnte[4]). Dazu brauche man ein Kollegium, das nur vom Geheimen Rat dependiere. Es erhielten nun die Revisionsräte Jobst und Oswald, die Hofkammerräte Heimhausen und Loferer, und der Rentmeister den Auftrag, den Senser zu vernehmen und ihr Gutachten zu erstatten. Dieselben traten im ganzen Sensers Ansichten bei; „da Senser," meinten sie, „mit dem Tabakwesen einmal das Licht angezündet, sei zu wünschen, dass auch für andere Spezies von Kommerzien Fabriken errichtet und der Handel vom Ausland hereingezogen werde, was von so hoher Importanz, dass es die Aufstellung eines eigenen Kommerzienrates wohl wert sei[5])". Schon am 15. März 1689 wurde auch ein eigener Kommerzienrat eingesetzt[6]), bestehend aus dem Oberstkämmerer von Leublfing als Vorsitzendem und den weiteren Mitgliedern Hofkammerrat Oswald, Marschall Graf Sereni, Hofratspräsident Leidl, Hofrat Wämpl, Dr. Jobst, Hofkammerpräsident Graf von Heimhausen[7]). Am 21. Juli 1689 riet der Kommerzienrat, das ganze Tuchwesen

---

[1]) Senser verteidigt in einem Schreiben vom 19. April 1695 die Ausschliessung des „gewissenlosen Buchhalters", welcher sich in den ersten 8 Jahren ein Vermögen von 30,000 fl. gesammelt habe. G.A.

[2]) Angerer hat sich nach einem Schreiben Sensers vom 8. November 1698 in seiner Stellung während des Apaldos 20,000 fl. erworben. G.A.

[3]) Senser schätzt das Menzingsche Anwesen auf 12,000 fl., das Ambergsche auf 6000 fl., das Riedsche auf 3000 fl. Für Adaptierung des ihm in Friedberg vom Kurfürsten überlassenen Stadels berechnet er 2000 fl.; alles zusammen macht 23,000 fl. G.A.

[4]) Freyberg a. a. O. II, S. 451.

[5]) Vgl. Freyberg a. a. O. II, S. 280—281.

[6]) Das einschlägige Mandat findet sich nicht vor, es ist jedoch dessen in einem Mandat vom 29. Dezember 1726 Erwähnung gethan.

[7]) Diese Mitglieder des Kommerzienrates finden sich unterschrieben auf einem Gutachten über das Tabakapaldo vom 17. März 1690. Es müssen sich jedoch in dem Stand desselben bald Aenderungen ergeben haben. Wir finden später als Mitglieder des Kommerzienkollegiums neben Graf Heimhausen und Hofk. Oswald die Räte Scharfsed, H. Friedrich v. Wiedemann und Millauer. Auch Geheimrat v. Mayr, Hofrat Unertl und Geheimrat v. Jonner zählten in späterer Zeit zu diesem Kollegium.

einer Compagnie zu übergeben[1]). Der Kurfürst war mit dem Plane einverstanden, und es erhielt am 29. August 1689 der Sekretär Baar mit einer Gesellschaft auf 15 Jahre den ausschliesslichen Tuchhandel zugesprochen. Senser war anfangs nicht bei diesem Konsortium, wie Freyberg[2]) irrtümlich behauptet. Er übernahm vielmehr erst später vom Hofkanzler Giggenbach dessen Anteil an der Gesellschaft, nur wurde das Uebereinkommen zwischen Giggenbach und Senser mit dem Datum vom 25. August versehen, damit Giggenbach den Beweis, dass er mit der Tuchhandlung nie etwas zu thun gehabt habe, erbringen und sie dann um so leichter „defendieren" könne[3]). Nachdem Senser aber bei der Gesellschaft aufgenommen war, hatte er bald das entschiedenste Uebergewicht erreicht. Die Compagnie verzichtete zwar auf den Kontrakt, damit die Tuchhandlung mit der Fabrik vereinigt werden könne, aber zu einem Vollzug dieses Beschlusses kam es nicht; Senser wusste es vielmehr dahin zu bringen, dass er allein in den Besitz der Privilegien der Tuchmanufaktur und des Tuchhandels gelangte[4]). Von den früheren Kontrahenten blieb nur der schon genannte Baar an dem Handelsbetrieb aktiv beteiligt. Da Senser auch eine Lederei in Geissenfeld einrichtete und auf Schaffung eines Lein- und Garnwerkes bei dem Kommerzienrat antrug, so konnte das freie Gewerbe ahnen, was ihm bevorstand. Sensers Unternehmungen erweckten nun aber bei dem durch Steuern und Auflagen jeder Art schwer bedrückten Bürgerstand den lautesten Unwillen. Von München, Straubing, Braunau und anderen Orten kamen erbitterte Klagen über den Tabak- und Tuchapaldo[5]). Das Kommerzienkollegium, das seine Entstehung ja selbst der neuen Wirtschaftspolitik verdankte, wies jedoch dieselben einfach als unbegründet zurück. Als am 15. März 1690 auch die Landschaft mit unterschiedlichen Gravamina[6]) über diese Zustände vorstellig wurde, berichtete das zur Aeusserung aufgeforderte Kommerzienkollegium[7]) an den Landesherrn, „von dem seligen Kurfürsten sei bei Verwilligung und Einrichtung des Tabakapaldos wohl die Theologie gutachtlich gehört worden, aber dergleichen Kommunikation mit gemeiner löblicher Landschaft ebenfalls nicht geschehen. Die vorgebrachten Beschwerden seien längst widerlegt und verdienen daher eine fernere Beantwortung nicht mehr, da sie nur aus übler Information hervorgehen." Weiter heisst es, auf dem eingeschlagenen Wege werde den armen Leuten Nahrung verschafft, dem Bettel gesteuert, die Bevölkerung vermehrt, das eigene Geld im Lande behalten und fremdes hereingebracht; ausserdem würde eine solch vorzeitige Aufhebung gegebener Verordnungen eine Schädigung des kurfürstlichen Ansehens bedeuten.

---

[1]) Freyberg a. a. O. II, S. 401. Die Compagnie, ausser Baar aus dem Frh. v. Simeoni, dem Hofratskanzler Giggenbach, dem B. Hülz zusammengesetzt, schoss durch Vertrag vom 25. September 1689 ein Kapital von 70,000 fl. zusammen. Von dem Gewinn sollten 10,000 fl. an den Kurfürsten bezahlt, an die Protektoren Baron v. Simeoni, Dr. Jobst und Millauer jährliche Rekompensen bewilligt, das übrige nach Proportion verteilt werden.
[2]) Vgl. Freyberg a. a. O. II, S. 402.
[3]) G.A. Sensers Beschwerde an den Kurfürsten über den Hofratskanzler v. Giggenbach vom 31. Januar 1695.
[4]) Vgl. Freyberg a. a. O. II, S. 407—409.
[5]) Freyberg a. a. O. II, S. 408.
[6]) G.A. Unterschiedliche Landesgravamina vom 15. März 1690.
[7]) G.A. Bericht des Kommerzienkollegiums an den Kurfürsten vom 17. März 1690.

Aus dem brüsken Ton dieses Berichtes merkt man, dass Senser im Kommerzienkollegium einen ganz wünschenswerten Rückhalt hatte. Es war jedoch die Behauptung, dass die Tabakpächter einen unverhältnismässigen Gewinn einheimsen, dadurch nicht aus der Welt zu schaffen. Sie wurde geglaubt und erweckte an mehreren Stellen Gelüste nach dieser angeblich so ergiebigen Einnahmsquelle. Die Landschaft hatte schon im Jahre 1686 vorgestellt, dass das Tabakwesen unvergleichlich mehr ertrage als die für sie bestimmten 1000 fl., welche sie dazu nicht einmal regelmässig bekomme; sie müsse daher bitten, ihr das auf dem letzten Landtag bewilligte Gefäll wieder zurückzugeben oder ihr dafür mehr „Ergötzung" zu verschaffen [1]). Ein anderer Bewerber um das Tabakwesen war die Fabrika. Schon bei der Erneuerung des Apaldos mit Senser hatte sich der Rat Millauer um eine Vereinigung des Apaldos mit der Fabrika bemüht. Bekanntlich wurde ihr aber nur die Einkassierung der Senserschen Pachtsumme mit der Verpflichtung anvertraut, dieselbe wieder an die Baukommission hinauszubezahlen. Und doch hätte die Fabrika den von Senser eingesteckten Profit wohl brauchen können. Zwar schloss ihre Bilanz im Jahre 1687 mit dem ansehnlichen Aktivrest von 130,000 fl. ab [2]), aber zu dieser günstigen Ziffer führten die hohen Anschläge des reichen Inventars, während die Rentierlichkeit des Werkes immer mehr zu schwanken begann. Endlich hatte der Glaube an Sensers ungerechtfertigte Bereicherung in den höchsten Kreisen zu der Frage veranlasst, ob denn nicht der Tabakverschleiss durch den Staat übernommen werden könnte.

III.
Der Tabakhandel in staatlicher Regie. Wiederverpachtung unter der österreichischen Administration.

Der Erfinder des Planes, den Tabakverschleiss der Hofkammer zu unterstellen, war der Kanzler Kaspar Schmid, welcher zwar seit 1683 für emeritiert erklärt, dessenungeachtet aber in manchen wichtigen Staatsangelegenheiten mit seinem Rate gehört ward. In seinem Gutachten [3]) führt er im wesentlichen aus: jeder katholische Christ müsse gegen das Monopol sein, es sei von den Theologen und Kanonikern verworfen, nach den Reichskonstitutionen und Rezessen vielfältig verboten; es müsse jedoch zwischen einem monopolium publicum und monopolium privatum unterschieden werden; das erstere diene necessitati et utilitati publicae und gelte Theologen, Canonicis, Staatsmännern und Politikern für erlaubt, während sie das letztere für improbum et illicitum erklären. Das bisherige Tabakapaldo, quod pro quaestu privati, sei von letzterer Art. Man möge daher den Tabakhandel zur kurfürstlichen Hofkammer ziehen und so den ganzen Gewinn dem bono publico zuwenden. Damit nicht bei der kurfürstlichen Hofkammer Disposition wieder negligiert werde, was bei einem

---

[1]) G.A. Schreiben der Landschaft an den Kurfürsten vom 27. März 1686.
[2]) Freyberg a. a. O. II, S. 399.
[3]) G.A. Gutachten über den Tabak- und Tuchhandel von Kaspar Schmid. Schönbrunn 1690.

Privaten prosperiere, so möchte man den Senser dazu zu gewinnen suchen. Wenn man das weisse Bier habe zum Regale machen können, so sei auch der Tabakhandel repetierlich, dazu brauche man zu demselben wenig Verlagskapital. Schmids Vorschläge fielen auf fruchtbares Erdreich; eine niedere Kapitalsanlage und Aussicht auf hohen Gewinn, das war zu verlocken. Um nun herauszubringen, welche Mittel zur Introduzierung des staatlichen Tabakhandels benötigt wären, wurde Senser darüber eidlich vernommen[1]). Unter Anrufung Gottes und aller Heiligen verbürgt er, dass man gleich anfangs 30,000 fl. brauche, um der bisherigen Compagnie den vorrätigen Tabak abzukaufen, und sechs Wochen später die gleiche Summe benötige, um die Gewölbe mit Vorräten zu füllen; dabei gehe das Geld nur langsam herein, so hätte das Konsortium noch 68,000 fl. Ausstände. Uebernehme man den Tabakhandel, so müsse man auch den Bau und die Fabrikation des Tabaks der Hofkammer übertragen; dann wären aber, da auf dem Werke 45,000 fl. lasten, gleich 104,000 fl. aufzuwenden. Gegen unparteiische Schätzung wolle er die Fabrizierhäuser hergeben und das Geld gegen 6 Prozent stehen lassen. Wolle man seine Fabrizierhäuser nicht, so liefere er dem Kurfürsten den darin fabrizierten Tabak um den Nürnberger Preis, obwohl das einheimische Gut feiner sei (sic!). Das vorstehende Protokoll war zunächst darauf berechnet, den Kurfürsten von der Uebernahme des Tabaks abzuschrecken. Den gleichen Zweck verfolgte Sensers Angebot, die jährliche Pachtsumme von 12,000 auf 16,000 fl. zu erhöhen. Da er jedoch auch mit der Möglichkeit rechnen musste, dass seine Vorstellungen und sein Angebot die beabsichtigte Wirkung nicht erzielen, so hatte er für diesen Fall um die absolute Führung des staatlichen Tabakapoldos gebeten. Der Kurfürst war sich selbst nicht klar über die Neueinrichtung des Tabakwesens, fest stand nur der Entschluss, das Sensersche Privileg nicht mehr zu verlängern. Seine Räte, die mit ihm am 7. August 1691 Bayern verliessen, um ihn nach Savoyen zu begleiten, dessen Herzog er nach den Beschlüssen der Haager Konferenz gegen die Franzosen Hilfe zu leisten hatte, empfahlen zum Teil die Errichtung eines eigenen Tabakamtes, zum Teil die Uebertragung des Tabakwesens an die Fabrika. Eine Resolution vom 9. August[2]) spricht sich kurz dahin aus, der Kurfürst habe sich über Sensers höheres Angebot referieren lassen, er werde jedoch wegen der vorgekommenen Klagen und Beschwerden nach Verlauf der Bestandjahre den Apaldo selbst führen und ein besonderes Amt dafür aufstellen. Diese Entschliessung hielt jedoch Senser nicht ab, aufs neue[3]) für eine Verlängerung seines Pachtverhältnisses zu plaidieren. Er stellte dar, dass man bei Einführung des beabsichtigten Werkes für Einrichtung und allenfallsige Vergrösserung der Fabrizierhäuser wenigstens 90,000 fl. brauche, woraus sich schon die Zinsen auf 5400 fl. belaufen; dazu komme für ihn eine Besoldung von 2000 fl., für den Buchhalter von 1000 fl., für den Adjunkten von 600 fl.; bei dieser Sachlage wäre es doch besser, den Pacht auf 10 Jahre zu verlängern und der Gesellschaft die Kapitaliengefahr und die Arbeit zur Perfektionierung der Fabriken und des Blätterbaues zu überlassen. Ein letztes Mittel versuchte Senser noch,

---

[1]) G.A. Protokoll vom 1. August 1691.
[2]) G.A. Resolution vom 9. August 1691.
[3]) G.A. Sensers Schreiben an den Kurfürsten vom 12. August 1691.

um im Besitze des Apaldos zu bleiben. Er wandte sich an den in der Umgebung des Kurfürsten weilenden Geheimrat v. Mayr[1]) mit der dringenden Bitte, derselbe möchte beim Kurfürsten dahin wirken, dass das Tabakwesen nicht der Fabrika unterstellt würde. Er könnte sich aus erheblichen Ursachen in keinem Falle zur kurfürstlichen Fabrika ziehen lassen. Dieselbe rühme sich schon, dass sie solch hochwichtigem Werke zu seiner Konsorten und seinem Verderben den Herzstoss versetzt habe. Wenn eine zehnjährige Pachtzeit nicht bewilligt würde, so wolle er in 6 Jahren mit Gott und gelehrten Leuten das Werk für alle künftigen Fälle einrichten. Mayr könne ja von Gewissenswegen den Kurfürsten bewegen, dass der Fabrika eine bessere Abwartung ihres Werkes aufgetragen und ihr die bisherigen Reichnisse zugesagt werden. Bevor jedoch Mayr in den Besitz dieses Schreibens kam, war schon eine kurfürstliche Resolution[2]) an Senser abgegangen, nach welcher er wohl beim Tabakwesen verwendet, aber ganz unter die Leitung der Fabrika gestellt werden sollte. Nach Ablehnung seines Angebotes betreffs der Fabrizierhäuser und seines Vorschlags betreffs absoluter Führung des Tabakapaldos, sowie Genehmigung probe- und versuchsweiser Tabaklieferung durch die Senserschen Fabriken ist bestimmt, dass neben Senser der Hofratssekretär J. G. Baar und der Fabrikoberverweser Barth. Hülz in gleicher Amtsqualität zur Führung des Tabakapaldos angestellt werden. Ein Kassier und Buchhalter soll von der Fabrika vorgeschlagen und von letzterer die Kasse allezeit in Verwahrung genommen werden. Der ganze Tabakgewinn muss der Fabrika zufliessen, da diese als Prinzipalin der Apaldoverwaltung zu gelten hat. Ueber Sensers Stellung und Gehalt wolle sich der Kurfürst referieren lassen. Es ist klar, dass sich Senser in eine Stellung gegenüber der Fabrika, wie sie ihm durch diese Resolution zugedacht war, nicht drängen lassen konnte und wollte. Dies leuchtete denn auch in nicht gar langer Zeit den massgebenden Kreisen ein. Schon am 19. September 1691 wurde J. G. Baar durch kurfürstliches Signat[3]) mitgeteilt, dass der Kurfürst das Tabakwerk mit „Baars Adjungierung" durch Senser führen lassen wolle und dass dieses Werk nur vom Kommerzienrat dependieren solle. Am 3. Dezember wurde sodann über die Einzelheiten der neuen Einrichtung von einer Kommission des Kommerzienrates Beratung gepflogen und dem Kurfürsten Bericht erstattet. Ueber das zur Uebernahme des Werkes benötigte Kapital erklärte die Kommission bestimmt, dass man ohne die Summe von 30,000 fl. nichts anfangen könne[4]). Nachdem am 18. Dezember unter Zuziehung von Senser und Baar eine weitere Kommissionssitzung stattgefunden hatte und das Ergebnis derselben dem Kurfürsten vorgelegt und von demselben gebilligt ward, erfolgte die Konstituierung des neuen Tabakamts. Das ganze Tabakwesen sollte unter das Kommerzienkollegium gestellt sein. Als Leiter des Tabakamtes bekam Senser den Hofkammerratstitel und 1000 fl.[5]) Gehalt, J. G. Baar wurde ebenfalls zum Hofkammerrat ernannt mit 600 fl. Gehalt und dem Senser adjungiert, ein gewisser

---

[1]) G.A. Sensers Schreiben an den Geheimrat v. Mayr vom 16. August 1691.
[2]) G.A. Endliche Resolution, wie hinfüro das Tabakwesen einzurichten ist, vom 14. August 1691.
[3]) G.A. Kurfürstl. Befehl an G. Baar, den 19. September 1691.
[4]) Dies ergibt sich aus einem Signat vom 11. Dezember 1691. G.A.
[5]) G.A. Dekret vom 29. Februar 1692.

Sebald bekam den Posten eines Buchhalters und Kassiers mit 500 fl. Besoldung. Da nun ausser vorgenannten Gehältern aus dem Tabakertrag an den Kommerzienrat und die Kanzleiverwandten 3930 fl., an die Landschaft 1000 fl., für Nebenapaldos an Freising, Regensburg, Mühldorf und Ortenburg 1100 fl., an die Fabrika 12,000 fl., an den Korrespondenten und Registrator 400 fl., an den oberpfälzischen Buchhalter 300 fl., an einen Gegenschreiber 275 fl. jährlich abzuführen waren; da ferner die Tabakkasse für die Miete je einer Schreibstube in München und Amberg, für Waggeld, Reisespesen u. s. w., endlich für den Unterhalt der Ueberreiter mit einem Aufwand von jährlich 4424 fl. und die ersten Jahre auch für den Unterhalt der Faktoren aufzukommen hatte, so waren für die erhofften Erträgnisse Abzugskanäle genug vorhanden [1]). Was die finanzielle Fundierung der neuen Einrichtung betrifft, so wurden am 21. Dezember 1691 vom kurfürstlichen Hofzahlamt 15,000 fl. auf 3 Monate beigeschossen, im Januar 1692 von Baron Scarlatti [2]) 15,000 fl. gegen 6 Prozent hergeliehen. Am 15. Januar verkündete ein Generalmandat [3]), der Kurfürst habe „gnädigst resolviert, den Tabakblätterbau und die Fabrizierung des Tabaks einzuführen und zur besseren Bestreitung dieses gemeinnützigen Werkes, dabei der gemeine Mann seine Nahrung suchen und gewinnen könne, das völlige Tabakwesen auf eigene Kosten verlegt". Nach den weiteren Ausführungen des Mandates blieb es im Falle unbefugten Hereinbringens von auswärtigem Tabak bei den herkömmlichen Bestimmungen. Da bei dem Etat der Ueberreiter etwas eingespart wurde, so erhielten sie, damit die Kontrolle nicht leide, eine strenge Instruktion [4]), worin sie unter Androhung der Dienstesentlassung und Bestrafung wegen Meineids zur Pflichterfüllung ermahnt waren. Besonders sollen sie Obacht geben, dass von den beim Tabakwerk Beschäftigten nichts verschleppt werde, und die Faktoren mit den Landkrämern nicht unter einer Decke stecken. Auch Senser und Baar erhielten eine Instruktion [5]); sie sollten sich in allen wichtigen Dingen an den Kommerzienrat zu wenden haben, den Tabakpreis nicht eigenmächtig ändern, die Geschäftsabschlüsse vom Kommerzienrat ratifizieren lassen und jeden Monat einen ordentlichen Renner und Extrakt einsenden.

Wenn man die ganze Geschichte dieser Neueinrichtung betrachtet, so kann man für die Art, wie sie zustande kam, höchstens darin eine Entschuldigung finden, dass der Kurfürst teils in Italien, teils in Wien mit Dingen beschäftigt war, die ihm wichtiger scheinen mussten als das Tabakwesen [6]). Schon Kaspar

---

[1]) Eine vom Jahre 1696 stammende „wahrhafte und begründete Information über Sensers aus dem Tabak gezogenen Profit" von einem Ungenannten berechnet, dass aus dem Tabakertrag jährlich 37,700 fl. an Unkosten und Ausgaben geleistet werden müssen. G.A.

[2]) Es ist dies wohl der Baron J. B. v. Scarlatti, Geheimrat und Kämmerer, welcher bei Heigel a. a. O. S. 76 d, Anm. 52, genannt ist.

[3]) M.St.B. VI. 58.

[4]) G.A. Instruktion für die aufgestellten und neu verpflichteten Ueberreiter vom 17. Januar 1692.

[5]) Instruktion für die Tabakamtskommissäre Senser und Baar vom 14. Februar 1692.

[6]) In Savoyen belagerte Max Emanuel vom 29. September bis 6. Oktober die Festung Carmagnola und nahm sie ein; Susa dagegen vermochte er nicht zu nehmen. Am 6. Dezember kam er mit dem Herzog von Savoyen und Prinz Eugen nach Venedig. Hier erhielt er am 10. Dezember von Karl II. das Anerbieten der Statthalterschaft der Niederlande. Er ging nun vorerst auf einen Monat nach Wien.

Schmid hat einen verhängnisvollen Fehler begangen, dass er Sensers Persönlichkeit nicht entbehren zu können glaubte. Wollte man nur den Tabakhandel verstaatlichen, so hätte man dazu Sensers nicht bedurft, er wäre der Staatshandlung gegenüber lediglich Tabakfabrikant und Lieferant geblieben. Wenn man aber aus Sensers Routine in Tabaksachen Nutzen schöpfen wollte, so musste man ihm seine Fabrizierhäuser abnehmen, so dass er lediglich Beamter geworden wäre und sein Privatinteresse in Tabaksachen aufgehört hätte. Dass Max Emanuel und seine Räte nicht genau wussten, worum es sich handle, sieht man aus dem erlassenen Mandat; nach demselben musste jedermann meinen, es werde nicht nur der Tabakhandel, sondern auch der Bau und die Fabrikation des Tabaks dem Staatsbetrieb unterstellt. Welche Inkonvenienzen aus dieser unglücklichen Verquickung der Senserschen Privatgeschäfte mit seinen amtlichen Aufgaben hervorgingen, werden wir noch genugsam erfahren. Dieselben konnten um so weniger ausbleiben, als einen Monat nach dem Inkrafttreten der neuen Einrichtung der Kurfürst mit einem Teil seiner Räte das Bayerland verliess, um die ihm angebotene Statthalterschaft der Niederlande anzutreten, welches Ereignis nicht nur für die äusseren Verhältnisse Bayerns, sondern auch für die Ordnung im Innern verhängnisvolle Folgen hatte. Im Anfang schien sich die neue Einrichtung zu erproben. Der Tabak wurde zum grössten Teil von der Firma Wernberger und Geiger in Nürnberg erstanden, ein Teil wurde aus den Senserschen Fabriken geliefert; das gewöhnliche Gut wurde mit einem Profit von 6—8 fl., der Brasil mit einem Gewinn von ca. 50 fl. per Zentner an die Handelsleute und Krämer abgegeben [1]). Der Konsum blieb nicht nur auf der früheren Höhe, sondern steigerte sich sogar, indem ein beträchtliches Quantum Tabak an ausserbayrische Orte verkauft werden konnte. Vom 6. Februar 1692 bis 31. August 1692 wurden bei einem Verschleiss von 4406 Ztr. 18,245 fl. profitiert [2]). Es wird Senser vorgeworfen, es sei ihm diese Summe selbst unbequem gewesen, weil sie ihn um die Hoffnung gebracht, je wieder zum Apaldo zu kommen, und er habe deshalb dem Kommerzienkollegium eine Herabsetzung des Verkaufspreises angeraten. Richtig ist, dass vom 27. September 1692 an die Handelsleute den Tabak billiger bekamen; die Folge dieser Neuerung war, dass vom 1. September 1692 bis 6. Februar 1693 an 4348 Ztr. Tabak nur 4258 fl. gewonnen wurden. Aber bald gingen die Geschäfte noch mehr zurück. Geldverlegenheiten und jede Art von Unordnungen stellten sich ein. Um der ungenügenden Rentabilität seiner eigenen Fabriken aufzuhelfen, schlug Senser vor, ihm in Rücksicht auf die grosse Dürre des Jahrgangs für sein geliefertes Gut einen höheren Preis zu bewilligen. Wäre vom Kurfürsten dem Senserschen Ansinnen entsprochen worden, so hätte der Avanzo, der sich vom 7. Februar 1693 bis 6. Februar 1694 bei einem Verschleiss von 7856 Ztr. auf 6279 fl. belief, noch um ein Erkleckliches geringer werden müssen. Im weiteren Verlauf

---

[1]) G.A. Sensers Erläuterung, den Tabakpreis betreffend, dat. 20. August 1699 und Bericht der Reg. v. Burghausen, dat. 22. Dezember 1694.

[2]) Die Angaben über den Verschleiss des Tabakes und den Gewinn aus demselben sind den amtlichen Zusammenstellungen entnommen, welche die Witwe Sebald 1723 an den Kurfürsten einsendet. Ausserdem wurden die vorliegenden Bilanzen benützt. Das Gewicht des verschleissten Tabakes ist auf Zentner, die eingegangenen Summen sind auf Gulden abgerundet. G.A.

kam die ganze Tabakangelegenheit ausser Rand und Band. In der Kasse fehlten 10,000 fl., die angeblich Angerer aus Nachlässigkeit ausgegeben hatte; die Nürnberger Firma verlangte einen Vorschuss von 20,000—30,000 fl.; da kein Geld vorhanden war, liess sie sich statt des Vorschusses von jedem Zentner Tabak 30 kr. Provision garantieren. Senser rechnete diese Provision einfach zum Preis und liess sich nun auch für seine Lieferungen pro Zentner 30 kr. mehr bezahlen. Da nicht einmal genug Mittel vorhanden waren, um den Kommerzienräten und dem Sekretär ihre Funktionsbezüge zu bezahlen, so mussten im Jahre 1693 aus der Siegelamtskasse 6300 fl. entlehnt werden [1]. Der kurfürstliche Befehl[2] zur Rückzahlung dieses Betrages hatte zur Folge, dass die Tabakkasse von Senser ein sechsprozentiges Darlehen aufzunehmen gezwungen war[3]. Das Kommerzienkollegium suchte wohl zu intervenieren und nahm ein Protokoll auf[4], wonach in Zukunft gleiche Kassesperre zu beobachten, und Angerer eventuell zum Ersatz der unrechtmässig verausgabten Summen anzuhalten sei. Aber die Lage war schon zu schwierig und verwickelt geworden, als dass das Kollegium hätte durch sein energieloses Einschreiten helfen können. Da die Nürnberger Kaufleute, welchen man inzwischen 42,584 fl. schuldig geworden war, ernstlich auf Bezahlung drangen[5], Mittel aber nicht vorhanden waren, so musste wieder ein Anlehen ins Auge gefasst werden. Senser schildert nun den kläglichen Zustand, in welchen das Tabakwesen geraten war, dem Kurfürsten[6]. Es seien an 75,000 fl. ausständig und nichts bereinzubringen, wenn es so fortgehe, helfe alle seine Mühe nichts, dazu ergebe sich aus einer Zuschrift der Nürnberger Lieferanten, dass der Tabak teurer werde. Er wolle noch einmal 28,000—29,000 fl. vorschiessen, wenn der Befehl erlassen werde, dass die nächsten neun Monate, bevor er befriedigt sei, niemand etwas aus der Tabakkasse erhalten solle, und wenn den bestehenden und noch zu errichtenden Fabrizierhäusern nicht nur nichts in den Weg gelegt, sondern ihnen mit aller Förderung an die Hand gegangen werde. Die kurfürstliche Antwort[7] lautete etwas unwirsch. Zwar wurde Sensers Angebot angenommen; aber es wurde ihm auch darüber Berichterstattung befohlen, warum so vieles hinausgeborgt worden und wie dem künftig abzuhelfen sei. Es müsse doch als unverantwortlich gelten, anderen zu kreditieren und selbst das Geld zu entlehnen. Die Tabakhändler sollen sich in Zukunft gleich den Abnehmern des Salz- und Bräuamtes mit barem Geld versehen und die Faktoren zur monatlichen Ablieferung der eingegangenen Summen angehalten sein. Zu diesem elenden Zustande passte das Resultat des Geschäftsjahres vom 7. Februar 1694 bis 6. Februar 1695 vollständig, denn es war an den vertriebenen 8341 Zentnern nicht nur nichts profitiert worden, sondern es zeigte sich sogar ein Verlust von 320 fl., welchen man

---

[1] Das Siegelpapier warf vom 1. Oktober 1690 bis letzten September 1698 laut Berichts vom 11. Februar 1699 (G.A.) über die Einhebungskosten die Summe von 166,121 fl. ab, welche zur Abzahlung der aus den ungarisch-türkischen Kriegen herstammenden Schulden verwendet wurden.
[2] G.A. Kurf. Befehl vom 26. März 1693.
[3] G.A. Sensers Schreiben an den Kurfürsten vom 16. April 1693.
[4] G.A. Protokoll vom 7. September 1694.
[5] G.A. Schreiben der Firma Wernberger und Geiger vom 11. Oktober 1694.
[6] G.A. Sensers Schreiben an den Kurfürsten vom 23. Oktober 1694.
[7] G.A. Dat. 30. Oktober 1694.

auf den Umstand schob, dass an den minderwertigen Guldinern 4556 fl. eingebüsst worden seien [1]).

Wenn man bedenkt, dass sich Senser in Tabaksachen seit langen Jahren als einsichtsvolle Kraft erprobt hatte, so muss dieses traurige Ergebnis seiner Amtsführung Befremden hervorrufen. Es geht durchaus nicht an, diese Misserfolge auf den Umstand zu schieben, dass Senser nicht mehr die gleiche Selbständigkeit gehabt habe, wie als Tabakpächter. Sein Adjunkt und Tuchhandlungskompagnon Baar gesteht später selber [2]), dass das Kommerzienkollegium gänzlich von Senser abhängig war und alles that, was Senser mündlich oder schriftlich vorschlug. Dass ihm auch von Seite Baars und seines ehemaligen Tabakspaldogenossen Angerer, der nach kurzer Zeit an Stelle des Sebald Buchhalter geworden war, keine Schwierigkeiten in den Weg gelegt wurden, versteht sich von selbst. Senser konnte um so unumschränkter schalten und walten, als 1694 auch die Tabakstube von der Fabrika in sein in München erworbenes Haus verlegt wurde. Und doch lässt sich das Resultat begreifen, wenn man die bei der Tabakhandlung eingerissenen Geschäftsmanipulationen genauer betrachtet. Die Tabakamtskasse war schon bei Beginn der Senserschen Amtsführung mit unzureichenden Mitteln ausgestattet. Das Kommerzienkollegium hatte nämlich zugelassen, dass Senser von den eingeschossenen 30,000 fl. die Summe von 23.000 fl. dazu verwendete, von seinen ehemaligen Mitpächtern die bis zum Jahre 1692 errichteten Fabriken abzulösen, ohne dass jedoch dieselben in kurfürstliches Eigentum übergegangen wären. Da von dem Tabakkonsortium ausserdem die vorhandenen Tabakvorräte übernommen wurden, so war man gleich anfangs gezwungen, bei den Nürnberger Lieferanten auf Borg zu kaufen. Dazu kam, dass, wie schon gehört worden, die Gelder nur schwer hereingingen. Der Hauptanlass aber zu den Verwirrungen und Schwierigkeiten war, dass Senser in seiner Schwärmerei für ein Tabakwerk, welches Bayern die Einfuhr fremden Tabaks ersparen sollte, die aus dem staatlichen Tabakhandel und seinen Privathandlungen und -Fabriken fliessenden Gelder durcheinander warf. Senser liess von den Faktoren, denen gegenüber er sich als Beamter und Exekutor aufspielte, die eingegangenen Gelder schicken und verwendete sie zum Ankauf von Häusern und Fabrikanlagen oder steckte sie in den Tuchhandel. War die Tabakkasse in Verlegenheit, so lieh er gegen Zinsen Summen her, die ohnedem in die Tabakamtskasse hätten fliessen sollen. Diese verblüffende Vermengung seines Privatgeschäftes mit dem kurfürstlichen Tabakhandel setzte ihn in den Stand, zu den Fabrizierhäusern in Rain, Schrobenhausen, Menzing, Amberg, Ried und Friedberg, die bei Beginn seiner Amtsthätigkeit in seinem Besitze waren, sich solche Fabrizierhäuser in Schöngeissing, Dietfurt, Berg und Kapfelberg, ausserdem je ein Wohnhaus in München, Amberg und Ried zu erwerben [3]). Freilich mehrte sich auf diese Weise auch sein Schuldenstand, so dass er selbst erklärte,

---

[1]) Guldiner eine Silbermünze; sie hatte 1566 25,983 g Silber und einen Wert von 4½ bis 5 M., vgl. Hoffmann, Ludw., Geschichte der direkten Steuern in Bayern (Schmoller, staats- und sozialwissenschaftliche Forschungen, 4. Bd., 9. Heft, S. 50).

[2]) G.A. Baars Schreiben an den Kurfürsten vom 4. Juli 1699.

[3]) G.A. Sensers Bericht an den Kurfürsten vom 3. März 1695 mit einer Beilage: Entwurf über die in Bayern und der Oberpfalz aufgerichteten . . . . Fabrizierhäuser vom 18. Februar 1695.

er könne die nötigen Summen nicht mehr aufbringen, wenn er sie nicht unter des Kurfürsten Handzeichen entlehnen dürfe. Diese seine sämtlichen Besitztümer beabsichtigte er nun an den Kurfürsten zu verkaufen [1]). Er stellte vor, dass der Kurfürst durch Uebernahme dieser Objekte ein beständiges Werk schaffe, das ein jährliches Utile von 50,000 fl. abwerfe und für die übrigen Kommerzien und für die Katholisierung der darin von auswärts verwendeten Arbeiter die besten Früchte trage. Seine Fabrizierhäuser seien an den günstigsten Orten angelegt; in einigen werden wegen der Nähe des Blätterbaues und der Billigkeit des Holzes die Fabrikationskosten verringert, in anderen wegen der Wasserstrassen die Fracht billiger, die an den Grenzen liegenden hindern die Konterbanden und fördern den Tabakverschleiss ins Ausland. Wenn man noch je ein Fabrizierhaus in Dürnau und Mindelheim errichte, so könnten die für Bayern und die angrenzenden Gebiete nötigen 8000—10,000 Zentner Tabak hergestellt werden. In seinen Häusern in München, Amberg und Ried sollte dann je ein Niederlags- und Korrespondenzhaus aufgerichtet und von diesen aus das ganze Werk nach Kaufmannsmanier regiert und der Tabak an die Faktoren in Reichenhall, Landsberg, Ried, Amberg, Mindelheim und Wiesensteig, ebenso an die Ausländer geliefert werden. Wären die angebotenen Fabrizierhäuser auch wirklich im Betrieb gestanden und hätte Bayern und die Oberpfalz sie hinlänglich mit Blättern versorgen können, so wäre die Uebernahme des gesamten Senserschen Besitztums um einen angemessenen Preis am rätlichsten gewesen, wenn man einmal den Handel mit Tabak durch den Staat ausüben lassen wollte. Man hätte dann das vollständige Tabakmonopol gehabt, welches bei richtiger Leitung sicherlich bedeutende Summen abgeworfen hätte. So lag aber die Sache keineswegs. Die Fabriken waren zum Teil unvollendet, in einigen war nur wenig, in anderen noch gar kein Tabak fabriziert worden. Der Blätterbau sollte in der Oberpfalz erst eingeführt und durch denselben die Versorgung der Fabrizierhäuser mit Blättern ermöglicht werden. Ausserdem stellte Senser einen geradezu exorbitanten Preis. Er verlangt für die genannten Anwesen 148,500 fl. Da er für „Herbeischaffung, Nahrung und Abrichtung kundiger Leute" 100,000 fl. ausgegeben haben will, so soll ihm von dieser Summe die Hälfte vergütet, ausserdem als Ablösung für Blättervorräte eine Summe von 60,000 fl. ausbezahlt werden. Da für Mindelheim und Dürnau noch 25,000 fl. aufzuwenden gewesen wären, so hätte die Realisierung des Senserschen Planes 283,500 fl. gekostet, von welcher Summe nicht weniger als 258,500 fl. an Senser gefallen wären. Auf diese Weise wäre Senser mit einem Schlag ein reicher Mann, der Kurfürst der Besitzer eines vorerst unrentierlichen verschuldeten Tabakwerkes gewesen. Aber es kam anders. Die Unzufriedenheit mit den Zuständen in Bayern war eine sehr verbreitete geworden. Da in weiteren Kreisen geglaubt wurde, dass das Kommerzienkollegium Sensers Wünschen in bezug auf die Errichtung einer Garn- und Leinwandhandlung und Baars Verlangen nach einer privilegierten Handlung mit Spezereien und Saliter entgegenkommen werde, so benützte man diese Gerüchte zur Unterwühlung des bestehenden Wirtschaftssystems. Die Seele dieser Angriffe war der Hofratskanzler von Giggenbach. Der Hofrat sah sich nicht allein durch die leitende Stellung des Kommerzienkollegiums bei der

---

[1]) Ebenda.

Landesdirektion, sondern auch durch die Einführung der von ihm unabhängigen Generalbaudirektion, Getreidedeputation und des Amtes für das Siegelpapier in seinen Kompetenzen benachteiligt und ereiferte sich daher für die Aufhebung dieser independenten Dikasterien. Zu seinem Auftreten gegen Senser hatte Giggenbach ausserdem noch einen persönlichen Anlass. Da nämlich Giggenbach auf Grund der früher angedeuteten Abmachungen in betreff des Tuchhandels von Senser Summen forderte, die dieser nicht schuldig zu sein behauptete, so war zwischen beiden Männern eine Feindschaft ausgebrochen, welche schon seit September 1690 einen sehr heftigen Charakter angenommen hatte. Seit dieser Zeit hatte es Giggenbach auf die Untergrabung der Senserschen Unternehmungen abgesehen; freilich mehrere Jahre umsonst. In der kurfürstlichen Umgebung in Brüssel hatte nämlich Senser eine mächtige Stütze in dem Baron Ferdinand von Simeoni[1]), welcher den Kurfürsten trotz aller Enttäuschungen immer wieder zu dem Glauben zu bringen wusste, dass sich die in Aussicht gestellten Summen durch die staatlich geführte Tabakhandlung und durch die privilegierten Geschäftszweige erringen lassen werden. Erst gegen Ende des Jahres 1694 hatte der Graf Preysing so viel Oberwasser bekommen, dass er gegen die monopolistischen Betriebe auftreten konnte. Er erwirkte einen kurfürstlichen Befehl, dass der Hofratskanzler bei seinen Pflichten und bei Vermeidung allerhöchster Ungnade alles berichten solle, was ihm in Sachen des Staatsbetriebes bewusst sei, auch solle er an Orten, wie und wo es not thue, Erfahrungen einholen[2]). Giggenbach wusste vorerst nichts Gravierendes zu berichten. In seinem Schreiben vom 17. Dezember 1694[3]) finden sich blosse Phrasen über die betrübende Abwesenheit des Kurfürsten und die elenden Zustände des Landes. Er bittet jedoch darin, zur Verhütung grösseren Unglücks ihn zum Kommissär der Untersuchung zu machen, diesen Vorschlag jedoch vor dem Kurfürsten und dem Geheimrat v. Prielmayr geheim zu halten. Am 27. Dezember erhielt nun Giggenbach den Spezialbefehl, über die „tempore S^{mi} absentia" leider nur allzuviel in Schwung gehende Partiterei und anderes Information einzuholen und ad S^{mi} manum zu berichten[4]). Giggenbach wandte sich nun an den ehemaligen Tabakbuchhalter Sebald, um etwas Nachteiliges über Sensers Geschäftsgebarung zu erfahren, und an den Baron Wiguleus Weichs, um sich die Thatsache bestätigen zu lassen, dass von Mitgliedern des Geheimen Rates und des Kommerzienkollegiums die vom Kurfürsten beabsichtigte Inquisition zu hintertreiben versucht werde. Die Sebaldschen Angaben

---

[1]) Vgl. Anm. 2 S. 13. Ueber Simeonis Einfluss am Hofe in Brüssel schreibt Max Emanuels Bruder (H e i g e l a. a. O. S. 213): „Dieser Mann beherrscht meinen Bruder ganz und gar, er thut, was er mag, und hat so fest Anker gefasst, dass er in gleicher Weise über den Geist, wie über den Geldbeutel seines Fürsten gebietet".

[2]) Dass Giggenbach schon längere Zeit gegen Senser und die monopolistischen Betriebe gearbeitet hatte, ersieht man aus seinem Schreiben vom 19. Januar 1695 an den Grafen Preysing, worin er wünscht, es möchten ihm nicht wieder, wie vor Jahren, unanständige Kommissäre verordnet werden, die aus Respekt oder Interesse ihn von seinen guten Präpositionen und Effekten abgehalten haben. G.A.

[3]) G.A. Schreiben des Hofratskanzlers Giggenbach an den Grafen v. Preysing vom 17. Dezember 1694.

[4]) Dieser Befehl ist erwähnt in dem Schreiben des J. J. Wiguleus Weichs an den Kanzler Giggenbach vom 16. Januar 1695. G.A.

und der Baron Weichssche Bericht ergaben jedoch ein nur dürftiges und dazu nicht einmal ganz zuverlässiges Material. Giggenbach empfand dies selber und bezeichnete daher seinen unterm 19. Januar 1695 an den Kurfürsten gesendeten Bericht[1]) als einen vorläufigen, dem bald ein ausführlicherer und besser motivierter folgen solle. Er brauche jedoch bei seiner Aufgabe vor allem landesfürstliche Protektion und grössere Gewalt ad inquirendum. Daher solle er alle ihm zur Erforschung der Wahrheit dienlich scheinenden Leute eidlich abhören, die Akten der Hofkammer und Kommerzienregistratur durchsehen und seine Mitkommissäre selbst wählen dürfen. In betreff der neuen Inventionen und Kommerzien, wie sie teils schon ins Leben gerufen, teils noch beabsichtigt seien, solle der Kurfürst bloss den Tabakapaldo für sich behalten, dabei jedoch den Senser und seine Faktoren durch getreue Leute ersetzen, alle übrigen Inventionen samt dem Kommerzienrat sollen beseitigt werden. Unter dem gegenwärtigen Zustand leide das Land schwer, Senser sei mit Betrug und Partiterei angefüllt, er beziehe aus dem Tabakapaldo den „Rogen", während dem Kurfürsten die Schulden bleiben. Vor dem Kommerzienkollegium habe man Abscheu, weil einige Räte, welche die privilegierten Handlungen aufgerichtet, Richter darüber und Direktoren derselben seien. Auch der verstorbene Direktor Jobst sei ein Senserscher Advokat gewesen, der Millauer sei wegen der Fabrik ohnedem Partei; alle verstehen von der Handlung nichts und werden von dem „betrogenen" Senser dirigiert. Beim Tabakapaldo seien die im Lande zerstreuten Faktoren Sensersche Kreaturen, die Ueberreiter abhängige Jagdhunde. Diesen Ausführungen fügte Giggenbach ein vertrauliches Begleitschreiben an den Grafen Preysing bei, in welchem er sich wegen des Rates, den Tabakapaldo pro S^{mo} zu behalten, entschuldigt; er habe dies nur gethan, weil der Kurfürst in der Hoffnung auf grosse Erträgnisse den Tabakapaldo aus der Hand zu geben sich weigern würde. Seien der Kommerzienrat und alle übrigen Handlungen gefallen, so werde sich der Tabakapaldo schon auch aufheben lassen. In dem ganzen Giggenbachschen Bericht ist räsoniert, aber nichts bewiesen; in Brüssel musste man daher beweiskräftigeres Material von dem versprochenen Hauptbericht erwarten. Es ist aber kein Zweifel, dass Giggenbach ein solches nicht aufzubringen wusste. Am 23. Februar schrieb er dem Grafen Preysing[2]), es sei ein nachdenklicher von der Gegenpartei zusammengeschmiedeter Bericht vom Kommerzienrat zu des Baron Simeoni eigenen Händen gelaufen und Senser sogleich per Post nachgefahren; man beabsichtige den Grafen und den Herrn v. Prielmayr über den Haufen zu werfen und die eigene Ungerechtigkeit durchzudrücken. Leider habe er von dem Bericht keine Abschrift erhalten können, er schicke jedoch in der Beilage Material, womit man die Feinde schlagen könne. Er habe letzteres für bessere Zeiten reservieren wollen, aber es sei periculum in mora, weshalb er seinen Hauptbericht zertrümmern müsse. Was Giggenbach hier Wichtiges übermittelt haben will, ist aus den Akten nicht zu ersehen; wenn er aber wirklich genug Material zu einem Hauptbericht gehabt hätte, so hätte er bei dieser Gefahr auf Verzug mit der Absendung doch nicht mehr säumen dürfen. Während aber Giggenbach hinterrücks und heimlich und

---

[1]) G.A. Schreiben Giggenbachs an den Grafen Preysing vom 19. Januar 1695.
[2]) G.A. Schreiben Giggenbachs an den Grafen Preysing vom 23. Februar 1695.

grossenteils aus persönlichen Gründen die bestehenden Zustände befehdete, kamen aus Regierungskreisen laute und offene Klagen. Ein besonders keckes Wort sprach die Regierung von Burghausen[1]). Der Tabakspaldo sei cum monopoliis ejusdem naturae, welche de jure communi und vermöge der Reichskonstitutionen pestis reipublicae genannt und summo odio angesehen werden. Durch dieselben werde einzelnen Personen der Beutel gespickt, das Gemeinwesen aber leide Schaden. Die Apaltatoren treiben mit dem Tabak unverantwortlichen Wucher, so dass sie von den benötigten 20—30,000 Zentnern einen Gewinn von 240,000 fl. einstecken. So könne man sich nicht wundern, dass Senser, vorhin ein verdorbener Krämer, jetzt ein Vermögen von Hunderttausenden besitze und gleich einem wohlbegüterten Kavalier auftrete. Es stehe dahin, ob er nicht zur Herausgabe des zu viel genossenen Gewinnes anzuhalten sei. Nachdem die Regierung auch über die übrigen Handlungen Klage geführt, befürwortet sie die Abschaffung des verderblichen Apaldos und die Einführung eines erträglichen Aufschlags. Wie man sieht, verkennt dieser Bericht durchaus die thatsächlichen Verhältnisse. Er übersieht, dass ja der Apaldo auf kurfürstliche Rechnung geführt wird und überschätzt den Verschleiss wenigstens um das Dreifache. Sachgemässer sprach sich die Landschaft[2]) gegen die behauptete Misswirtschaft aus. Schon im Jahre 1692, als die neue Einrichtung in Kraft trat, beschwerte sich die Landschaft, dass durch den Tabakspaldo der Tabak, dessen „in Ermanglung anderer Nahrung und Speise" Männer und Weiber sich bedienen, zweimal höher im Preis sei, als er beim freien Kommerzium geblieben wäre. Im folgenden Jahre wiederholte sie ihre Klagen über die Schädlichkeit und Verderblichkeit des Tabak- und Tuchapaldos. Da sie „keine Resolution, geschweige denn Abhilfe" erzielte, wandte sie sich im Jahre 1695 noch eindringlicher an den Kurfürsten. Im ganzen Lande sei nicht eine Stadt oder ein Markt, wo nicht die Krämer, ja die ganze Gemeinde darüber sich beschweren, dass sie ins Verderben gestürzt werden; wo sie sich anmelden, werden sie nicht gehört, weil der schleichende Patron, der Senser, durch falsche Ränke und Riebe sub specioso praetextu boni publici alles wieder meisterlich zu hintertreiben wisse. Vom Kommerzienkollegium werden alle Erinnerungen der Handelsleute und Zünfte als Widerwärtigkeiten, Trotz und interessierte Einrede verworfen. Die zu demselben deputierten Räte, deren Integrität und löblichen Eifer die Landschaft nicht angreifen wolle, folgen, ohne die Regierung zu hören, dem Senser, als ob er von Gott gesandt sei und alles mit prophetischem Geiste vorhersehen und weissagen könnte. Es werde unter kurfürstlichem Namen eine verderbliche Neuerung nach der andern eingeführt. Man habe zu Sensers gunsten gegen Schwärzer exorbitante Strafen exequiert; ja sogar die gerichtliche Ordnung invertiert; die Ueberreiter haben sich unleidliche „Exorbitanzien" und Exzesse zu schulden kommen lassen. Wenn auch jetzt mit dem Senserschen Apaldo eine andere Disposition getroffen und er unter des Kurfürsten Namen geführt werde, so dauern die Klagen doch noch fort. Man solle daher erwägen, ob es nicht im kurfürstlichen Interesse liege, den Tabakspaldo aufzuheben und dafür bei freiem Kommerzium auf den Zentner neben Zoll und Maut etwa 1 fl. oder

---

[1]) G.A. Schreiben der Regierung v. Burghausen an den Kurfürsten vom 22. Dezember 1691.
[2]) G.A. Gemeiner Landschaft Verordnete Oberlands an den Kurfürsten vom 7. Januar 1695.

1 Thlr. Accis zu schlagen, „zumal die Freiheit der Kommerzien jederzeit in allen wohlgeordneten Staaten und Republiken für das Fundament der einführenden Wohlfeile gehalten werde". Zum Schlusse möchte die Landschaft empfehlen, gegen Senser wegen Einführung schädlicher Neuerungen und Ausübung grosser Ungerechtigkeiten eine ernstliche und wohlergiebige Strafe auszusprechen [1]).

Diesen immer lauter und heftiger werdenden Klagen gegenüber liess es natürlich das Kommerzienkollegium nicht an Verteidigungsversuchen fehlen. Auf die Beschwerden über die Exzesse der Ueberreiter antwortet das Kollegium [2]), dass der Hass gegen dieselben nur daher komme, weil sie den Konterbandierern ein Dorn im Auge seien. Durch das Tabakwerk sei ein beständiges Kameral-Intrade geschaffen, das noch grosse Summen abwerfen werde. Wenn man den Apaldo wolle, so brauche man auch Ueberreiter, Uebergriffe derselben solle man durch Untersuchung feststellen, dann werden sie auch bestraft werden. Am 4. Februar 1695 wurde das Kommerzienkollegium aufgefordert, innerhalb 14 Tagen zu berichten. welche Bedenken gegen die Aufhebung des eingeführten Apaldos und der Handlungen und gegen die Einführung des freien Kommerziums beständen. Das Kollegium sendete unterm 17. Februar einen vorläufigen Bericht [3]) ein, welchen es zu vervollständigen versprach, wenn sich Senser über die Angelegenheit geäussert habe. Denn letzterer müsse gehört werden, weil er durch seine Fabrizierhäuser und die hergeliehenen 29,000 fl. am Tabakapaldo und durch weitere grosse Summen am Tuchapoldo interessiert sei. Die Abschaffung gedachter Werke sei um so mehr zu überlegen, als dem Kurfürsten dadurch jährlich 80,000 fl. entgingen, das Land Schaden litte, übler Nachklang erfolgte, viele Menschen die Nahrung verlören, viele Angestellte stellenlos würden, dem Kurfürsten hohe Satisfaktionen erwüchsen und die Konterbanden wieder ungeniert ihr Handwerk treiben könnten. Die Klagen gehen teils von passionierten Delatoren, teils von schlecht Informierten aus, zu den ungenügend Informierten gehören auch

---

[1]) Während alles, die Handelsleute, der Hofrat, die Regierungen und die Landschaft gegen die bestehenden Einrichtungen im Tabakwesen eiferten, verfolgten die ehemaligen Konsorten Sensers, die Kaufleute Oppenrieder und Skaguler den Plan, einen Privatapaldo zu erreichen. Zur Förderung ihrer Bestrebungen bedienten sie sich des Revisionsrates J. W. Riegl, welcher ihr Angebot von 100,000 fl. in einem Schreiben vom 10. September 1694 an „seinen und aller Patrioten Patron" nach Brüssel übermittelte. Wer dieser „Patron" war, ist nicht festzustellen, eine besondere Hochachtung muss Riegl selbst nicht vor ihm gehabt haben, da er unterm 3. Dezember 1694 seinem Patron schreibt, dass er die Namen der Apaltatoren vor Ratifizierung des Vertrages nicht nennen wolle, dieselben werden jedoch „in Zukunft allzeit ihre Schuldigkeit ablegen". Riegls eigener Eifer für die Pachtlustigen kommt daher, weil dieselben ihm versprochen hatten, dass sie ihn und den alten Herrn v. Mayr dem Geheimen Rat als Tabakkommissäre vorschlagen werden. Als Riegls Patron am 24. Dezember 1694 schrieb, dass die Abschaffung des bestehenden Apaldos schwierig sei, weil dadurch verschiedene Interessen verletzt würden, meinte Riegl, es werde bei Verpachtung des Tabakes ohne Kontradiktiones nicht abgehen, aber der Kurfürst könne den Gegnern seines Planes ja einen Hofbescheid geben und thun, als ob es sich nur um eine vorläufige Einstellung des Tabakwerkes handele. Bald merkte Riegl selbst, dass seine Pläne wenig Aussicht haben. Am 22. Februar 1695 schreibt er seinem Patron, er wisse wohl, dass in Rücksicht auf die Stellung der oberen Landschaft, welche von der gänzlichen Beseitigung des Monopoles die Gewährung weiterer Subsidien abhängig gemacht habe, seine Intention vorerst suspendiert sei. In einem Schreiben vom 19. Januar 1695 warnt Riegl vor Senser, den er als pestis patriae bezeichnet. G.A.

[2]) G.A. Schreiben der Kommerzienräte an den Kurfürsten vom 14. Dezember 1694.

[3]) G.A. Vorläufiger Bericht des Kommerzienrates an den Kurfürsten vom 17. Febr. 1695.

der Kurfürst und die Minister, da sie immer von einem Apaldo reden, während der
Tabak doch ein Kameralgut wie das weisse Bier werden solle. Am 19. Februar
gelangte Sensers Bericht¹) an das Kommerzienkollegium. Er beteuert vor allem,
dass durch Aufhebung des Tuch- und Tabakalpaldos bei In- und Ausländern der
kurfürstliche Respekt leiden würde; wenn man solche spezielle Ausschreibungen
zurücknehme und dadurch gewissermassen die pro bono publico emanierten General-
mandate verschimpfe, so werden auch die weiteren Verordnungen den Gegnern
zum Gelächter werden. Im weiteren wärmt Senser die konfessionellen Gründe
wieder auf, die für die Erhaltung der bestehenden Einrichtung sprechen. Wenn
die zum wahren Glauben Bekehrten durch Aufhebung des Werkes in materielle
Bedrängnis kommen, so werden sie wieder evangelisch werden. Wisse man in
Bayern ein so vorteilhaftes Staatswerk nicht zu regieren, so gereiche dies den
Ausländern, insbesondere den lutherischen Städten zur Freude, die den beim
Tabak allein in Aussicht stehenden Gewinn mit beiden Händen ergreifen werden.
Wie unverfroren Senser argumentiert, sieht man daraus, dass er von ungeheuren
Summen fabelt, die bei Aufhebung des Werkes an ihn, an Sittl von Landshut
und an Schönegg in Geissenfeld für die Fabriken und den Blätterbau als Ent-
schädigung bezahlt werden müssten, als ob bei Einführung freier Kommerzien
jemand eine Pflicht zur Ablösung der bestehenden Fabriken gehabt hätte.
Unter Vorlage der Senserschen Ausführungen vervollständigte das Kommer-
zienlkollegium am 22. Februar seinen früheren Bericht ²). Es verwahrt sich gegen
die Beschuldigung, dass es nur Konfusion, Zerrüttung und Verderben gebracht
und verlangt die Vorlage spezieller Klagen, aus welchen sich dann Punkt für
Punkt werde nachweisen lassen, dass der Minister, die Beschwerde führenden
Kollegien, die Landschaft und andere Gegner schlecht informiert seien. Sie
haben stets nach Instruktion gehandelt, und ihre Independenz sei vom Kurfürsten
selbst gewollt und wohl begründet. Nach Rückzahlung der Kapitalien werden
sicher für den Kurfürsten jährlich 40—50,000 fl. abfallen. wodurch die Ausgaben
des Hofzahlamtes erleichtert, die onera publica zum Teil bestritten werden
können. Es handle sich hier um ein den Potentaten nach geistlichem und welt-
lichem Recht erlaubtes Monopol, das nach dem Exempel anderer Königreiche
und Länder eingeführt worden. Wenn freilich der Kurfürst das Werk aufheben
wolle, so haben sie nichts mehr zu sagen, aber eine Quelle, wodurch der Aus-
fall gedeckt werden solle, sei ihnen unerfindlich. So hatte das Kommerzienkollegium sich und die von ihr vertretene Sache aufs entschiedenste verteidigt.
Senser hatte zur Bekräftigung seiner Unschuld selbst um eine Untersuchung
über seine Amtsführung gebeten. Den letzten Trumpf spielte er aus, indem er
selbst nach Brüssel ging, um seine Sache zu vertreten. In der zweiten Hälfte
des März trat er die Reise an. Sofort nach seiner Ankunft übergab er eine
„wahrhafte, gegründete Erläuterung" ³), die den Vorschlag enthielt, das Tabakwerk
in seinem dermaligen Zustande zu belassen und nur Aenderungen zu genehmigen,
die aus der Initiative des Kommerzienkollegiums hervorgehen; im übrigen möge
man ihm die Klagen der Landschaft zustellen, er werde sie zur Befriedigung

---

¹) G.A. Sensers Bericht an den Kommerzienrat vom 19. Februar 1695.
²) G.A. Schreiben der Kommerzienräte an den Kurfürsten vom 22. Februar 1695.
³) G.A. An den Kurfürsten von mir, Joh. Senser, die Kommerzien und Manufakturen
betreffend, wahrhaft gegründete Erläuterung mit Beilagen übergebene Worte (ohne Datum).

der Landschaft beantworten. In einem weiteren „wahr gegründeten und notdringenden Supplizieren" [1]) bittet er, in München eine Kommission aus einem Geheimrat, einem Hofrat, einem Revisionsrat und einem Kammerrat zu bilden, und dieselbe im Beisein eines Landstandes über seine Person und die gegen das Kommerz- und Manufakturwesen vorgebrachten Punkte und über des Kanzlers Giggenbach Verhalten, der jedoch von seinem Amte suspendiert werden müsste, aufs genaueste Untersuchung pflegen zu lassen. Sei er fehlig, so wolle er vor Gott seine Seligkeit, vor dem Kurfürsten Leib, Hab und Gut verloren haben. Um vor seinen Neidern Ruhe zu bekommen und in Berücksichtigung dessen, dass er und die Seinen leicht wegsterben könnten, bietet er dem Kurfürsten sämtliche Fabrizier- und Korrespondenzhäuser mit Zubehör um 259,000 fl. an, in welcher Summe auch die „unsichtbar verwendeten Mittel" schon enthalten sein sollen [2]). Würde man noch 50,000 fl. Betriebskapital aufnehmen, so wäre kein auswärtiger Tabak mehr erforderlich. Die 15,000 fl. Zinsen, welche für diesen Aufwand von 300,000 fl. zu zahlen seien, fallen wenig ins Gewicht gegenüber einem jährlichen Aufwand von 45,000 fl., den der Handel mit auswärtigem Tabak erheische. Die Handelsleute sollen fremden Tabak einführen dürfen, wenn sie vom gemeinen Tabak 5 fl., vom Brasil 10 fl. Aufschlag sich gefallen lassen. Betreffs der Zahlungsbedingungen sollen ihm 200,000 fl. sogleich verzinst, für den Rest eine Rückzahlungszeit bestimmt werden. Für seine weitere Mühewaltung beim Tabakwerke solle er eine höhere Besoldung oder Prozentanteile am Gewinne bekommen. Die ersten 3 Jahre solle zur Konsolidierung des Werkes weder an den Kurfürsten noch an die Fabrika etwas geleistet werden müssen. Nachdem eine am 9. April stattgehabte Konferenz, an welcher neben Senser die Räte Pemler, Malknecht, Wachter und Prielmayr teilgenommen, resultatlos verlaufen war, reichte Senser am 19. April eine Erläuterungsschrift wider die gegen das Manufaktur- und Apaldowesen vorgebrachten Beschwerden ein [3]), in welcher er sich besonders gegen den „Erz-Ribl" Giggenbach ausliess. Er will jetzt für 300,000 fl. ausser den Fabrizier- und Korrespondenzhäusern auch die Lederei hergeben und das Geld gegen 6 Prozent stehen lassen. Ebenso erklärt er sich bereit, auf den Tuchhandel zu verzichten. Es sollen im Lande Tabak-, Tuch- und Lederfabriken bestehen; für jede Materie soll besondere Rechnung geführt und dazu besondere Aemter errichtet werden, das Kommerzien-

---

[1]) G.A. Mein, Joh. Sensers, wahr gegründetes, notdringendes Supplizieren (ohne Datum).

[2]) G.A. Spezifikation über die aufgerichteten Tabakfabriken und Korrespondenzhäuser und was dieselben in Unkosten erloffen, vom 26. März 1695. Schon am 18. Februar 1695 hatte er eine ähnliche Spezifikation mit der Bitte eingesendet, ihm das ganze Werk abzulösen. In den Angaben der Summen weichen beide Spezifikationen nur ein unbedeutendes voneinander ab. In ersterer sind folgende Summen in Anrechnung gebracht: Für Werkzeuge, Abrichtung der Leute, unsichtbar verwendete Mittel, Interesse für bisher verwendetes Kapital 100,000 fl., das Haus in München 25,000 fl., das Haus in Amberg 6000 fl., das Haus in Ried 2500 fl., das Fabrizierhaus in Menzing 10,000 fl., das doppelte Fabrizierhaus in Schrobenhausen 15,000 fl., das Fabrizierhaus in Rain 10,000 fl., das Fabrizierhaus zu Dietfurt 5000 fl., das doppelte Fabrizierhaus in Berg 24,000 fl., das Fabrizierhaus zu Amberg 8000 fl., das Fabrizierhaus zu Kapfelberg 20,000 fl., die Schöngeissinger Fabrik, ohne Lederfabrik, 10,000 fl., die Friedberger Fabrik 6000 fl., die Fabrizierhäuser zu Mindelheim und Wiesensteig, wozu zum Teil schon Anstalten gemacht, 20,000 fl., Summa Summarum 259,500 fl.

[3]) G.A. J. Sensers Erläuterungsschrift gegen die wider das Manufaktur- und Apaldowesen angebrachten Beschwerden vom 19. April 1695.

kollegium das ganze Kommerzien- und Manufakturwesen gouvernieren. Die Kaufleute sollen auswärtige Waren gegen Grenzbolletten sich beilegen dürfen [1]). In seinem ersten Vorschlag hatte Senser für den Fall der Uebernahme seiner Häuser eine Anzahlung verlangt, in seinem zweiten hatte er auf eine solche verzichtet. Da dies noch nicht zog, so überreichte Senser vor seiner Abreise von Brüssel ein Projekt, durch welches die Senserschen Inventarien in den Besitz des Kurfürsten übergehen und noch eine grosse Summe Geldes verfügbar bleiben sollte. Er empfahl nämlich die Gründung einer bayrischen Kaufmannsliga [2]), welche die inländische Manufaktur in die Hand bekommen solle. Nehme man ihm seine Fabrizier- und Korrespondenzhäuser samt der Lederei in Schöngeissing ab, so wolle er für ein Anlehen von 450,000 fl. sorgen. Dasselbe soll in 15 Portionen à 30,000 fl. einbezahlt und mit 5 Prozent verzinst werden. 2 Portionen will Senser selbst übernehmen, 3 den Kaufleuten offenlassen und für 10 Portionen hat er schon Abnehmer gefunden in meistens der Aristokratie angehörigen Personen. Durch Ausübung des inländischen Manufakturwesens und Einführung eines Accis auf ausländische Waren sollen dem Kurfürsten jährlich 100,000 fl. zufliessen. Für die ersten 10 Jahre kann er jedoch wegen der Krise, welche bei der Fabrika und dem Tabakhandel herrscht, nur je 30,000 fl. garantieren.

Nach Darlegung dieses letzten Projektes reiste Senser von Brüssel ab. Sein Auftreten daselbst war nicht ohne Eindruck geblieben, obwohl die Landschaftsverordneten Ober- und Unterlands beim Bekanntwerden seiner Reise eindringlich gebeten hatten, der Kurfürst möge sich vom Senser nicht irre führen lassen, sondern den allgemeinen Klagen gegenüber Remedur schaffen [3]). Der Revisionsrat Riegl [4]) klagt, es sei in gutem Termin gestanden, dass alles aufgehoben und das freie Kommerzium wieder eingeführt werde, aber durch Sensers Reise nach Brüssel sei alle Freude wieder in den Brunnen gefallen. Man liess also das Kommerzienkollegium und Senser wieder fortarbeiten, doch wurde beschlossen, eine Deputation aus allen Kollegien, wie auch aus der Landschaft zu bilden, die sich mit der Frage über Beibehaltung der Monopole und des Kommerzienkollegiums und mit anderem, insbesondere auch mit der Partikulardifferenz zwischen Senser und Giggenbach beschäftigen sollte [5]).

Bevor über die Zusammensetzung und Wirksamkeit einer solchen Deputation oder Kommission weiteres gesagt wird, möge der Senserschen Amtsführung von 1695—1698 kurz gedacht sein. Senser machte in der Hauptsache in seiner Geschäftsleitung fort wie früher. Der Verschleiss steigerte sich von 1695—1696 wesentlich, indem er sich bis auf 9262 Zentner hob. Für das Gut, welches Senser lieferte, musste gemäss eines von Senser erreichten Akkordes 2 fl. mehr bezahlt werden, als für das Nürnberger Gut [6]). Dieser Umstand ist

---

[1]) Vgl. auch, was Freyberg a. a. O. II, S. 418 berichtet.
[2]) G.A. Sensers Entwurf zur Gründung einer bayrischen Kaufmannsliga vom 5. Mai 1695 und Sensers Entwurf für Anlegung der Gelder in der bayrischen Manufaktur und Kommerzien vom 6. Mai 1695.
[3]) G.A. Schreiben an den Kurfürsten von Gemeiner Landschaft Verordneten Ober- und Unterlands vom 24. März 1695.
[4]) G.A. Schreiben Riegls an seinen Patron vom 11. Mai 1695.
[5]) G.A. Kurfürstliche Resolution vom 13. Juni 1695.
[6]) G.A. Kurfürstliche Antwort auf die über den jetzigen Tabakpreis und des Senser Landtabak halber eingelangte Erinnerung vom 29. Dezember 1695. Nach vorstehendem Akten-

augenscheinlich mit schuld, dass sich der Avanzo auf nur 4708 fl. belief. Senser meinte zwar bei der Einsendung der Bilanz[1]), dass das Erträgnis nicht so schlecht sei, wenn man bedenke, daß das Werk auch eine Summe von 29,655 fl. für sonstige Zwecke aufzubringen habe. Aber es war doch ein wenig hoffnungsreiches Resultat, dass an die Tabakkasse wieder die Notwendigkeit herantrat, zur Bezahlung der Lieferanten 20,000 fl. von Senser zu entlehnen. Für das Geschäftsjahr 1696—1697 versuchte man endlich durch Einführung einer Preiserhöhung bei dem Tabakverkauf die misslichen Zustände der Tabakkasse zu bessern. Der Verschleiss ging infolgedessen um fast 2000 Zentner zurück, indem nur 7435 Zentner verkauft wurden, aber der Gewinn steigerte sich auf 6529 fl. Weitere günstige Wirkungen sollten die Freigabe des Blätterbaues[2]) und verschärfte Bestimmungen beim Geschäftsbetrieb bringen. Es wurde den Kommissären aufgetragen, statt der Bilanzen ordentliche Rechnungen nach kameralistischer Form anzufertigen, keinen Tabak mehr auf Borg zu geben, das Geld alle 4 Wochen einzuliefern und die monatlichen Spezialauszüge über Einnahme und Ausgabe korrekt an das Kommerzienkollegium einzusenden[3]). Senser sagte eine thunlichste Berücksichtigung dieser Vorschriften zu, obwohl eine strenge Einhaltung derselben nicht immer möglich sei[4]). Im neuen Geschäftsjahre 1697—1698, als in Nürnberg eine merkliche Preisminderung im Tabak eintrat, wurde Senser angehalten, seinen Tabak auch um den Nürnberger Preis zu liefern. Er erkärte, um diesen Preis sein Gut nicht abgeben zu können, weil im Inland die Blätter um einen Gulden teurer bezahlt werden müssten. Er schlug daher zu dem Nürnberger Preis, nach späterer Behauptung mit Einwilligung des Kommerzienkollegiums, den sogenannten Blättergulden. Der ungehinderte Tabakbau wurde 1697 wieder untersagt und derselbe von einer speziellen Konzession des Kommerzienrates abhängig gemacht[5]). Der geringe Einkaufspreis in Nürnberg veranlasste nun Senser, an den Kurfürsten den Antrag zu stellen, den Tabak an die Krämer im Innern des Landes um 1 fl., an den Grenzen um 2 fl. billiger abzulassen, da sonst nur die Konterbanden befördert und das Ausland begünstigt werde. Der Kurfürst erklärte zuerst, dass er zu einer solchen Preisreduktion um so weniger geneigt sei, als er in Zukunft einen Teil der Apaldogelder für sich beanspruche[6]); auf eine neuerliche Vorstellung

---

stück lieferten die Nürnberger den bayrischen Zentner feingesponnenen Nürnberger Tabak für 12 fl. 40 kr., roten Stemmen für 11 fl. 45 kr., ordinären schwarzen Tabak für 10 fl. 45 kr. loco München. Für die weitere Fracht nach Braunau, Ried etc. sollte ein Gulden mehr verrechnet werden dürfen. Für Sensers Landtabak war ein niederer Ankaufspreis vorgeschrieben. Aus einem Bericht der Tabakuntersuchungskommission vom 12. März 1700 erfahren wir jedoch, dass es Senser bald gelang, einen Vertrag zustande zu bringen, wonach er sogar einen höheren Preis als die Nürnberger berechnen durfte.

[1]) G.A. Sensers Bericht an das Kommerzienkollegium vom 29. März 1696 mit der Bilanz vom Jahre 1695—1696.

[2]) G.A. Mandat vom 14. August 1696.

[3]) Den Inhalt des kurfürstlichen Befehls vom 25. September 1696 ersieht man aus Sensers Bericht an den Kurfürsten vom 12. Januar 1697. G.A.

[4]) Ebenda.

[5]) Das Kommerzienkollegium genehmigte trotz Sensers Widerspruch dem Gerichtsschreiber zu Erding die Errichtung eines Fabrizierhauses; das Privilegium zum Bau und zur Fabrizierung des Tabaks, welches der Bürgermeister von Mindelheim hatte, ward 1695 für 10 Jahre prolongiert. Bald durfte auch Graf Heimhausen Tabak bauen und fabrizieren.

[6]) G.A. Schreiben des Kurfürsten an die Hofräte und die Tabakkommissäre Senser und Baar vom 9. Oktober 1697.

genehmigte er jedoch, dass an den bayrischen und oberpfälzischen Grenzen und an die ausser Landes gelegenen Orte das Kisten- und Kübelgut um 2—3 fl., das feine um 2 fl. billiger gegeben werden dürfe [1]). Senser beruhigte sich dabei nicht, sondern reichte ein Memorial [2]) ein, dass ohne den von ihm gewollten Preisabschlag das bayrische Tabakwesen leiden würde, denn es würde die Schwärzerei zunehmen und die inländische Fabrikation zerstört. Darauf sei es aber von den Ausländern abgesehen, es sei dieser Plan von Vertretern aus den Reichsstädten (auch von Hanau und Frankfurt) in den „drei Mohren" in Augsburg beraten worden. Durch gute Ware und billige Preise könne man ihre Absichten durchkreuzen. Da auf dieses Memorial eine Resolution nicht erfolgte, so schlug Senser vom 1. Januar 1698 an eigenmächtig mit dem Tabakpreis ab. Aber trotz dieses Abschlags wurden im Geschäftsjahr 1697—1698 an 7089 Zentnern 23,701 fl. profitiert.

Kaum hatte Senser nach seiner Zurückkunft von Brüssel seinen Posten wieder angetreten, so erfolgte die Konstituierung der Kommission [3]), welche sämtliche Landesgravamina untersuchen und die zur Heilung der Schäden angegebenen Mittel prüfen sollte. Als Mitglieder derselben wurden bestimmt: Vom Geheimen Rat der Obersthofmeister Graf Fugger und der Geheimratsvizekanzler v. Wämpl, als Vorsitzende; vom Revisorium der Baron v. Pfetten und v. Riegl, von der Hofkammer die Räte Baron Pemler und Fiskaler, von den Regierungen Landshut, Straubing, Burghausen und Amberg die Kanzler oder in deren Verhinderung die Senioren von der Gelehrtenbank; von der Landschaft der Kanzler und ein weiteres von der Landschaft zu bestimmendes Mitglied; von den Hauptstädten und aus jedem Rentamt ein Bürgermeister samt einem erfahrenen Handelsmann. Diese alle sollten sich in München und zwar die kurfürstlichen Räte auf Kameralkosten, die anderen auf landschaftliche resp. städtische Unkosten an einem vom Geheimen Rat zu bestimmenden Orte zusammenfinden und sich ernstlich mit dem Tabak-, Tuch- und anderen Apaldos beschäftigen, das Pro und Contra examinieren und an den Kurfürsten ein schriftliches Gutachten erstatten, ob der Apaldo aufzuheben oder mit welcher Moderation er länger passieren könne. Da die kurfürstliche Fabrika und Senser an dieser Angelegenheit stark interessiert seien, so sollen dieselben, so oft es nötig, mit ihren Gegenerinnerungen gehört werden. Damit die Mitglieder der Deputation einander nicht selber hindern, so solle die Deputation und ihre Sessiones abgeteilt werden: die Räte samt den Landschaftsverordneten sollen in eine Ratsstube, die Bürgermeister von Städten und Märkten, sowie die Krämer und Kaufleute in eine andere Ratsstube kommen. Die puncta deliberanda müssen zu denselben Stunden an beiden Orten proponiert, darüber re- und korreferiert werden, bis man sich zu einem gemeinsamen Schluss verglichen. Da die angegriffenen independenten Kollegien bis auf das Kommerzienkollegium aufgehoben seien, so werde sich aus dem Gutachten der Deputation zeigen müssen, ob letzteres unverändert beibehalten, oder etwa durch eine Deputation von Kaufleuten unter Adjungierung etlicher kurfürstlichen Räte ersetzt werden solle.

---

[1]) G.A. Schreiben des Kurfürsten an Senser und Baar vom 3. November 1697.
[2]) G.A. Bericht der Tabakamtskommission vom 28. November 1697.
[3]) G.A. Kurfürstliches Dekret vom 13. Juni 1695.

Mit dieser Kommission oder Deputation war nun vor allem das Kommerzienkollegium unzufrieden. Es beschwert sich ganz entschieden[1]), dass man trotz seiner aufklärenden Berichte den lamentablen und eigennützigen Vorstellungen etlicher malkontenter Handelsleute Gehör geschenkt und ihnen zuliebe eine ungewöhnlich grosse Kommission zusammengesetzt habe. Das Kollegium gibt seiner schmerzlichen Empfindung Ausdruck, dass eine Sache, welche nach der höchsten Instruktion in seinen Wirkungskreis gehöre, vor eine Kommission gebracht werde, bei deren Bildung es präteriert, gemeine Bürger und Handelsleute aber berücksichtigt worden seien. Daran hätten alle Vorfahren des Kurfürsten nicht gedacht, das Arbitrium von Interessenten und deren Adhärenten und Fautoren einzuholen und einfache Krämer zu „Miträten" des Staatsministers zu machen. Wenn die Kommission fortbestehen solle, so möchte sie der Kurfürst aus dem Geheimen Rat mit Zuziehung einiger Mitglieder des Kommerzienkollegiums bilden. Diese schwerfällige Kommission soll nun auch im Frühjahr 1696 zusammengetreten, aber zu keinem Resultate gekommen sein[2]). Sicher ist, dass bald eine neue Kommission zur Untersuchung der Landesgravamina ins Leben gerufen wurde, die aus dem Geheimratsvizekanzler v. Wämpl und zwei weiteren Geheimräten, ferner dem Grafen von Heimhausen als dem Vertreter des Kommerzienkollegiums bestand und sich durch Beiziehung von Landschaftsverordneten verstärkte[3]). Der Graf von Heimhausen hatte Gewicht und Geschick genug, in dieser Kommission die Sache des Kommerzienkollegiums mit Erfolg zu führen. Auch war das Kollegium so klug, nur für sich und seine Kompetenzen zu streiten, die Senserschen Angelegenheiten aber aus dem Spiel zu lassen. Zeigt die Raschheit, mit welcher den Forderungen des Kommerzienkollegiums in betreff der Kommissionsbildung entgegen gekommen ward, den grossen Einfluss desselben, so erweisen die Ausfälle auf alle Gegner, wie wenig es gesonnen war, sich etwas gefallen zu lassen. In einem Bericht vom Jahre 1696 beschuldigt es die sämtlichen Regierungen, die Landschaft, den Hofrat Weichs, den Geheimrat und Hofratskanzler v. Giggenbach und den Revisionsrat Riegl, dass dieselben hinterrücks und aus lauter Passion das Kommerzienkollgium mit schweren Inzichten belasten. Und als das Kollegium auf Anregung des Kurfürsten vom Geheimen Rat zu einer genauen Aeusserung veranlasst wird, erhebt es gegen seine Ankläger laute Vorwürfe und beantragt gegen dieselben energisches Einschreiten. Es behauptet, dass die unverantwortlichen, von Giggenbach ausgehenden Diffamationen nur von dessen falscher Ansicht herkomme, dass sie es mit Senser halten, während sie doch den Tabak immer als kurfürstliches Regale reserviert und an eine Ueberlassung desselben an Senser nie gedacht hätten. Der Aerger des Baron Weichs komme nur daher, weil ihm ein Ueberreiter sein heimlich eingeschwärztes schwäbisches Bier abgenommen und nicht gleich wieder ausgefolgt habe; Inquisitionsrat Riegl wolle nur nach aufgehobenem Kommerzienrat selbst Tabakdirektor werden und durch seine unbegründeten Delationen den Geheimratstitel erhalten. Als Satisfaktion verlangt das Kollegium, es möchte der Landschaft zu verstehen gegeben werden,

---

[1]) G.A. Schreiben des Kommerzienkollegiums an den Kurfürsten vom 19. Juli 1695.
[2]) Freyberg a. a. O. II, S. 420.
[3]) G.A. Entschuldigungsbericht des Kommerzienkollegiums gegen die wider dasselbe vorgebrachten Beschwerden vom 17. November 1697.

dass sie sich nicht mehr von interessierten Parteien informieren lasse und nicht mehr über die aufgestellten Kollegien schmähe; dem Hofrat und den sämtlichen Regierungen solle verboten werden, sich um Sachen zu kümmern, die sie nichts angehen, die Regierung von Burghausen solle mit einer ernstlichen Ahndung bedacht werden. Giggenbach, Weichs und Riegl sollen Verweise und den Auftrag erhalten, den aufgestellten Kollegien den schuldigen Respekt zu bezeigen. So schien sich das Kollegium nicht nur gegen seine Gegner zu halten, sondern ihnen sogar gefährlich zu werden. Auch die Kommission zur Untersuchung der Landesgravamina trat nicht gegen dasselbe auf[1]). Als diese 1698 ihren Bericht an den Kurfürsten sandte, versichert sie, dass sie sich mit den Hauptpunkten der Landesgravamina eingehend beschäftigt habe; sie sieht sich jedoch nicht veranlasst, die gewünschten Vorschläge zu machen. Ausführlich berichtet sie bloss über die Senser-Giggenbachischen Händel, brandmarkt Giggenbachs Benehmen als ein strafbares und unehrenhaftes, verweist jedoch im übrigen Senser mit seinen unzweifelhaften Ansprüchen auf den Rechtsweg. Durch das Votum der Untersuchungskommission war Giggenbach, der alte Feind Sensers, schwer kompromittiert worden. Da dieselbe ausserdem in betreff des durch Senser geförderten wirtschaftlichen Systems sich in vorsichtiges Schweigen hüllte, so schien anfangs des Sommers 1698 die Sache Sensers um so sicherer zu stehen, als er nach der letzten Bilanz auch einen weit höheren Gewinn aus dem Tabakhandel erzielt hatte, als in den früheren Jahren. Und doch ward sein Sturz gerade jetzt mit allen Mitteln betrieben. In Brüssel hatte er seine festeste Stütze verloren, indem der jetzt zum Trabantenhauptmann ernannte Freiherr v. Simeoni als ausserordentlicher Botschafter an den englischen Hof versetzt wurde[2]). In Bayern war es zwischen Senser und dem Kommerzienkollegium zum offenen Bruch gekommen. Gerade aus dieser Körperschaft kamen jetzt greifbare Anschuldigungen gegen Sensers Geschäftsbetrieb. Weniger sachliche Momente als persönliche Verhältnisse haben diesen Umschwung herbeigeführt. Der Geheim- und Kommerzienrat v. Jonner, ein Schwager des Hofkanzlers, übernahm, als sich für Giggenbach eine gewisse Zurückhaltung empfahl, statt desselben die Anschwärzungen Sensers. Schon am 10. und 17. Mai hatte er geheime Berichte nach Brüssel gesendet[3]) und Enthüllungen in Aussicht gestellt. Als nun im Juni 1698 Senser den Plan fasste, behufs besserer Leitung seiner Fabrizierhäuser von München fortzuziehen, falls ihm die Respizienz über das Tabakwesen, die er quartaliter oder nötigenfalls auch öfter ausüben werde, überlassen bleibe und in seiner Abwesenheit der Riedenburger Pflegekommissär v. Jele seine Vertretung übernehme, hatte Jonner nichts Eiligeres zu thun, als nach Brüssel zu berichten[4]), man möge die vorgeschlagene Vertretung durch den nur auf Sensers Interesse bedachten Jele ablehnen und überhaupt Senser, der trotz seiner Eigenschaft als kurfürstlicher Bedienter im Tabakwesen nur seinen Privatnutzen verfolge, in Gnaden von seinem Posten entfernen, wo er wie „die Katz am Schmer" sitze. Wenn man den unfähigen Angerer durch einen tüchtigen Buch-

---

[1]) G.A. Bericht der Untersuchungskommission über die Landesgravamina vom 17. Mai 1698.
[2]) Heigel a. a. O. S. 213, Anm. 33.
[3]) Diese sind erwähnt in Jonners Schreiben an den Hochwohlgeborenen Freiherrn, den Hochgeehrtesten Bruder und Baron in Brüssel vom 13. Juni 1698.
[4]) Ebenda.

halter ersetze, so genüge Baar als Tabakkommissär. Ferner möge man zur Tabaklieferung mehrere Firmen zulassen, den Tabak selbst bar bezahlen und nichts mehr auf Borg geben und endlich Senser zur Abgabe seines Gutes um den Nürnberger Preis abzüglich des Gewichtsverlustes und der Fracht anhalten. Finde der Kurfürst auch bei diesen Reformen seine Rechnung nicht, so solle es seiner Willkür unterstehen, ob und wem er einen Tabakspaldo verleihen wolle. Die gegen Senser erhobenen Vorwürfe wurden von Jonner zum erstenmal näher substantiert, dass er nämlich dem Angerer aus der Tabakkasse Geld verschafft, dass er selbst 30,000 fl. der Tabakkasse vorenthalten und in seinem Geschäfte verwendet, endlich wegen des immerwährenden Borgens beim Ankauf des Tabaks zu hohe Preise bezahlt habe.

Senser war unterdessen wieder nach Brüssel geeilt[1]), um seine Sache persönlich zu führen. Er unterbreitete dem Kurfürsten auch jetzt wieder seine weitgehenden Pläne[2]). Der Vorschlag zur Gründung einer Kaufmannsliga wurde in etwas modifizierter Fassung wiederholt. Von den 15 Portionen von 20 bis 30,000 fl. sollte die erste der Kurfürst, ein paar sollte die Landschaft sowie der Magistrat von München und die kurfürstliche Fabrika, die übrigen Privatpersonen gegen 5 Prozent übernehmen; auch er selbst wollte gern mitkooperieren. Das Ganze solle unter dem Kommerzienkollegium stehen, wozu die Landschaft und der Magistrat von München Deputierte stellen.

Senser war in Brüssel mit grossem Selbstgefühl aufgetreten, aber Eindruck machte er nicht mehr. Anfangs hatte Jonner noch Angst, Senser möchte ihn höheren Orts durch die Hechel ziehen und daher um die Protektion des Grafen Preysing und des Geheimrats v. Prielmayr gebeten[3]), bald aber lernte er einsehen, dass eine solche Furcht unbegründet sei. Bei den neuen Verbündeten gegen Senser handelte es sich nicht mehr darum, den landesverderblichen Tabakspaldo zu beseitigen, den ja Jonner selbst pro publico ac praecipue etiam pro re christiana verwaltet wissen wollte, sondern nur Senser sollte beseitigt, gestraft, gedemütigt werden. Während derselbe noch in Brüssel war, hatte der Kurfürst zur Einleitung einer Inquisition Befehl gegeben, die Sensers ganzes späteres Leben verbitterte. Am 10. August 1698[4]) erschien ein Dekret, durch welches der Geheimrat v. Jonner, die Räte Pemler, Unertl der Aeltere und Pistorini delegiert wurden, durch Einsicht in die Senserschen Geschäftsbücher und durch mündliche Vernehmung der Offizin- und Werkleute sich zu informieren, wie viel in- und ausländischer Tabak im verwichenen Jahr verkauft worden, wohin er gegangen, wie hoch der Ankaufs- und Verkaufspreis gewesen, was mit den Geldern geschehen und wie viel vorrätiger Tabak vorhanden sei. Der Befund sollte ad manus S^{mi} eingesandt und ein umständliches Gutachten über die von Senser unterbreiteten Pläne beigelegt werden. Diesem Dekret ward vom Grafen Preysing ein vertrauliches Schreiben an Jonner beigefügt[5]) des Inhalts,

---

[1]) Nach Jonners vorgenanntem Schreiben zu schliessen Ende Juni 1698.
[2]) Freyberg a. a O. II, S. 431.
[3]) G.A. Jonners S. 47 Anm. 3 erwähntes Schreiben.
[4]) Vorhanden ist nur das Dekret vom 10. August 1698 an das Kommerzienkollegium, wonach sich dasselbe in die Arbeit der Partikularkommission nicht einmischen solle. Den Inhalt des Dekrets an die Partikularkommission vom 10. August 1698 ersieht man aus dem Schreiben des Barons Pemler an den Premierminister Grafen Preysing vom 23. August 1698. G.A.
[5]) G.A. Datiert 11. August 1698.

der Kurfürst habe auf Jonners und anderer ehrlichen patriotischen Männer Erinnerung sich zu dieser Kommission entschlossen und wolle seine Intention „aufs Nägele exequiert" wissen. Es dürfe auf niemand weder zu München noch zu Brüssel Respekt getragen werden, als auf des Kurfürsten Durchlaucht selbst. Der Kurfürst wolle wissen, ob beim Tabakapaldowesen zu seinem Nutzen oder Schaden gehaust worden und was Senser die ersten 12 Jahre¹) aus dem Tabakwesen profitiert habe; nur so werde man sehen, wie weit Sensers „Rotomandates", dass er gegen 200,000 fl. von seinen eigenen Mitteln auf dem Werke liegen habe, begründet seien. Der als Mitglied bestimmte Rat Pistorini werde etwas später nach München kommen; es sollen jedoch Pemler und Unertl mit der Untersuchung sogleich beginnen und besonders auf die Handlungsbücher die Hand legen, damit die Gegenpartei nicht Zeit habe, die Arbeiten der Kommission zu vereiteln. Am 21. August²) verfügten sich nun Pemler und Unertl ex improviso in die Tabakamtsstube und liessen sich von dem Kommissär Baar und Buchhalter Angerer die vorhandenen Kassa- und andere Tabakhandlungsbücher ausliefern. Nachdem diese Bücher in Jonners Behausung verbracht waren, wurde die Suche nach Sensers Privathandlungsbüchern begonnen und das in der Tabakamtsstube befindliche Schreibpult und der in der Tuchhandlungsstube stehende Kasten mittels der gewöhnlichen Schlüssel geöffnet. Im Pult wurde nichts, im Kasten einige Tabakrechnungen, ein Konzept- und ein Kopierbuch gefunden. Die Kommission liess sich ferner die Kassa vorzählen, worin zwar die im Kassabuch als Rest vorgeschriebenen 26,391 fl. enthalten waren, jedoch hatte Senser eine von ihm unterschriebene Bescheinigung von 15.000 fl. als bares Geld eingelegt. Gleichzeitig mit diesem Vorgehen wurde der Hofkammersekretär Schiessl mit den gehörigen Vollmachten und Instruktionen nach Schrobenhausen und in die Oberpfalz abgeordnet, um sich daselbst die sachdienlichen Senserschen Skripturen ausantworten zu lassen. Dieses rücksichtslose Vorgehen scheint Pemler selbst etwas bange gemacht zu haben, denn als er von den ersten Schritten dem Grafen Preysing Mitteilung machte, bat er den Minister, er möge „ihn contra quosque gnädigst manutenieren"³). Da währenddessen vom Grafen Preysing ein Schreiben eingelaufen war, dass sich Senser in Brüssel sehr keck und zuverlässig benehme, schrieb Pemler am 27. August⁴) sofort zurück, dass es schon ganz sicher sei, dass von Senser Partitereien an den Tag kommen werden. Dass sich der Angeschuldigte, nachdem er von den Dingen Wind bekommen, impertinent benehme, könne nicht wundern, denn je mehr ein Hund getroffen werde, desto mehr pflege er zu bellen. Nachdem am 30. August bei der Kommission das Material eingelaufen war, welches G. W. Schiessl von Schrobenhausen und der Oberpfalz gebracht hatte⁵), berichtete dieselbe am 6. September nach Brüssel⁶), dass sie sich nun vorerst mit dem Münchener Tabakamt beschäftigen

---

¹) Soll wohl heissen, in den ersten 14 Jahren, in welchen Senser einen Privatapaldo hatte.
²) G.A. Bericht der Untersuchungskommission an den Kurfürsten vom 23. August 1698.
³) G.A. Schreiben des Baron Pemler an den Premierminister Grafen Preysing vom 23. August 1698.
⁴) G.A. Schreiben Pemlers an den Premierminister Grafen Preysing vom 27. August 1698.
⁵) G.A. Bericht des Hofkammersekretärs Schiessl über seine Reise nach Schrobenhausen und der Oberpfalz vom 30. August 1698.
⁶) G.A. Bericht der Untersuchungskommission vom 6. September 1698.

und darüber dem Kurfürsten in Bälde berichten werde. Die Kommission gab nun dem Rechnungskommissär Lindthammer den Befehl¹), Sensers Tabakamtsrechnungen und Tabakbücher unverweilt und fleissig durchzugehen, ferner in bezug auf das vorhandene Bargeld und die Materialien einen kurzen, aber zuverlässigen Extrakt zu verfassen. Bei sich ergebenden Anständen sollte derselbe vom ehemaligen Tabakamtsbuchhalter Sebald Erläuterungen und Informationen einholen. Schon am 10. September berichtete die Kommission²), dass die Untersuchung nicht ohne Schwierigkeit sei, weil von 1692—1696 keine Materialrechnungen ad normam cameralem und von 1692—1698 keine Geldrechnungen nach obiger Form, sondern nur Bilanzen und abgekürzte Kaufmannspauschrechnungen vorhanden seien, man könne aber nicht mehr zweifeln, dass Senser in der Zeit von einigen Jahren aus der Tabakkasse in einzelnen Posten auf kürzere oder längere Dauer 220,016 fl. entlehnt habe. In Brüssel war man mit dem Eifer der Kommission zwar zufrieden, aber der Minister hatte doch gehofft, dass er noch gewichtigeres Material bekommen werde. Er veranlasste daher die Kommission zu einer Aeusserung, warum sie denn bei der Anwesenheit in Sensers Behausung nicht auf dessen Partikularschreiben die Hand geschlagen hätte. Pemler antwortete am 13. September³), dass ja alles ausgesucht, aber nichts gefunden worden sei. Senser und seine Vertrauten seien schon so raffiniert gewesen, verdächtige Schriften wegzuschaffen. Um nun die schriftlichen Zeugnisse zu ergänzen, wurden am 13. September der Kommissär Baar und der Kassier Angerer von Jonner in Verhör genommen⁴). Sie sollten sich darüber äussern, ob Senser an die Tabakkasse viele tausend Gulden schuldig geblieben sei. Baar sprach sich dahin aus, dass Senser allerdings mit Geldern gearbeitet habe, die in die Tabakamtskasse gehört hätten, er habe aber auch für Lieferungen viel Geld gut gehabt; auch sei vom Kurfürsten von Piemont aus gestattet worden, an Senser Vorschüsse zu geben, und der Graf von Heimhausen sei durch die wöchentlichen Extrakte von den Verhältnissen unterrichtet gewesen. Diesen Ausführungen stimmte Angerer mit der Bemerkung bei, dass ohne diese Gelder Senser mit seinen Fabrizierhäusern schwerlich hätte fortkommen können. Das Protokoll über diese Vernehmungen sandte die Kommission am 14. September unter ausdrücklicher Konstatierung der Unzulänglichkeit der für Sensers Haltung vorgebrachten Entschuldigungen nach Brüssel. Dieses Protokoll hatte in den Niederlanden den Eindruck gemacht, dass Baar und Angerer es mit Senser halten, und es wurde daher der Kommission die Untersuchung nahe gelegt, ob nicht auch sie zu Privatspekulationen Gelder aus der Tabakkasse verwendet haben⁵). Inzwischen hatte Senser die Heimreise angetreten. Er schied vom Kurfürsten in sehr deprimiertem Zustande. Derselbe gab ihm bei der Abschiedsaudienz noch den Trost mit auf den Weg, dass ihm nicht zu wehe geschehen werde⁶). Senser sah wohl, dass sein Einfluss überholt, dass er geschlagen sei, aber alles, was gegen ihn geschehen war, wusste er noch nicht. Erst auf der

---

¹) Laut Berichtes der Untersuchungskommission vom 27. September 1698. G.A.
²) G.A. Bericht der Untersuchungskommission an den Kurfürsten vom 10. September 1698.
³) G.A. Pemlers Schreiben an den Grafen Preysing vom 13. September 1698.
⁴) G.A. Bericht der Untersuchungskommission an den Kurfürsten vom 17. September 1698.
⁵) G.A. Kurfürstliches Schreiben an die Untersuchungskommission vom 26. September 1698.
G.A. Schreiben Sensers an den Kurfürsten vom 1. Oktober 1698.

Heimfahrt hörte er das Geschehene, ja noch viel mehr hatte die geschäftige
Fama erfunden. Die abenteuerlichsten Nachrichten schwirrten herum, Senser
sei, so hiess es, als Erzbetrüger kriminalistisch angegriffen, ja schon hingerichtet
worden. Gleich nach seiner Ankunft in Bayern, als er sich über die Situation
orientiert hatte, wandte er sich mit den bittersten Klagen über das gegen ihn
eingeschlagene Verfahren an seinen Herrn, eine ganze Flut von Schmähungen
gegen seine Gegner ausschüttend[1]). Er habe, schreibt er, seinen guten Namen
und seinen Kredit verloren; die unchristlichste und unerhörteste Prozedur sei
gegen ihn vorgenommen worden, indem man auf die gallsüchtigen, in lauter
Unwahrheiten bestehenden Angaben seiner Haupt- und Erzfeinde, ohne seine
Person nur zu hören, Kriminaleinfälle in die Kommissionsschreibstube, ja in
seine eigenen Werke und Fabriken unternommen habe. Gott, der Gerechte
nicht verlasse, werde bald an den Tag bringen, wer fehlig sei. Stelle sich seine
Schuld heraus, so wolle er mit Feuer und Schwert verfolgt und seiner Schuld
nach exequiert werden. Seit der Zeit des allerheiligsten Leidens und Sterbens
Christi habe man nicht gehört, dass Todfeinde zu solcher Inquisition für passend
gehalten werden. Wie Christus von seinen Feinden angeklagt worden, so werde
er von seinem Erzfeind Giggenbach, welcher ihm 12,000—13,000 fl. abgestohlen
habe, ungerecht verfolgt. Giggenbach habe den Sebald, mit dem er einen
schweren Prozess führe, zu falschen Angaben verhetzt, zur Pflichtvergessenheit
und dem Preisgeben aller Geheimnisse der Schreibstube überredet. Dazu sei
Lindthammer gekommen, derselbe sei „ein Hauptfallit", der ehrliche Leute um
viele tausend Gulden betrogen habe und etliche Jahre im Schuldturm zu Regensburg gesessen und dann, um sich zu salvieren, fromm geworden sei. Dessen
ganzer Aerger komme daher, weil er ihm nicht geborgt habe. Wie gegen die
Vorstehenden, so protestiere er von Gewissens wegen gegen den Geheim- und
Kommerzienrat von Jonner, der seines Erzfeindes Schwager sei. Er erkläre seine
gott- und ehrvergessenen Angeber für Schelme, bis sie ihre gewissenlosen Angaben
bewiesen haben, was ihnen in Ewigkeit nicht gelingen werde. Er vertraue auf
die Gerechtigkeit des Kurfürsten, derselbe möge seine Verantwortung hören.
Wenn er auch jetzt mit Weib und neun lebenden Kindern an den Bettelstab
gebracht werde, zuletzt müsse die gerechte Sache doch den Sieg behalten.

Man sieht die Stimmung, in welcher Senser war, als er nach seiner Zurückkunft von Brüssel wieder die Leitung des Tabakamtes, wenn auch nur nominell,
übernahm. Dass es mit seiner Herrlichkeit definitiv ein Ende hatte, sieht man
schon aus dem Generalmandat vom 2. Oktober 1698[2]), worin schon von einem
neu eingerichteten Kammergut die Rede ist. Es stand damals schon fest, dass
das Tabakwesen der Hofkammer unterstellt werde. Um nun in dieser Zeit des
Ueberganges dem Einreissen von Missständen zu begegnen, wurden nicht allein
die früheren Bestimmungen über Visitation, Konfiskation und Strafen wiederholt,
sondern es wurden noch strengere Massnahmen getroffen. Schon beim ersten
Falle sollte neben Geld- und Schandstrafen das Zuchthaus in Aussicht gestellt,
beim zweiten Falle Zuchthausstrafe angewendet werden können. Wer sich zum
drittenmal auf einer Schwärzerei ertappen lässt, sollte wegen Unverbesserlichkeit

---

[1]) Ebenda.
[2]) M.St.B. VI. 87.

aus dem Rentamt, wo er angesessen, oder gar aus dem Lande geschafft werden. Konnivierende Hofmarksinhaber sollen mit Verlust der Jurisdiktion, nachsichtige Beamte und Bedienstete mit Amotion ihre Gesetzwidrigkeit büssen. Durch Verringerung der Faktoren und Ueberreiter sollten Ersparungen erzielt werden. Die Tabakkommissäre hatten nichts mehr zu sagen. Als Senser und Baar erklärten[1]), durch die letzte Massregel werde das Tabakwesen in Konfusion gebracht werden, wurden sie nicht gehört. Im November schlug die Untersuchungskommission vor[2]), es möchten Anstalten getroffen werden, dass die Tabakamtsstube von Sensers Behausung in das kurfürstliche Fabrikhaus am Rindermarkt transferiert und Senser vom Januar 1699 an von seiner Stelle entfernt werde. Angerer solle nach Ablegung der Rechnungen vom Februar an abzutreten haben. Ob für Senser ein Nachfolger ernannt werden solle, möge der Kurfürst entscheiden. Am 8. Dezember wurde die Untersuchungskommission zu einem Gutachten aufgefordert[3]), „was erstlich mit dem Tabakwesen, welches nunmehr für ein Kammergut gehalten werde, für eine sichere Ordnung zu machen, dann wie das Kommerzienkollegium in eine Deputation, wie von alters her zu verändern und was für Räte und Bediente sich dazu eignen würden". Das Gutachten sei so zu beschleunigen, dass aufs neue Jahr oder längstens bis Lichtmess die neuen Veranstaltungen eingeführt werden können. Bis zum neuen Jahr ging es nun freilich nicht, sondern es konnte das Geschäftsjahr 1698—1699 noch vollständig unter den alten Verhältnissen abgeschlossen werden. Verschleiss und Avanzo hatten in demselben so ziemlich die Höhe des Vorjahres behalten, denn es wurden an 7055 Ztr. 23,611 fl. profitiert. Bevor Senser von seiner Stelle zurückgetreten war, hatte Lindthammer die Prüfung des beschlagnahmten Materials vollendet. Die wichtigsten Beanstandungen waren, dass Senser die beim Beginn seiner Amtsführung vom Kurfürsten herbeigeschafften 30,000 fl. in seinen Privatgeschäften verwendet, dass er den bei Uebernahme des Tabakhandels durch den Kurfürsten vorrätigen Brasil zu teuer an das Tabakamt übergeben, dass er sein eigenes Fabrikat zu teuer angeschlagen, den Tabak an die Handelsleute und Krämer zu billig geliefert, dass er aus der Tabakkasse wiederholt Geld entlehnt und für die an die Kasse geliehenen Summen hohe Prozente berechnet, dass er die minderwertigen Guldiner für voll genommen und dass er endlich für Fuhrlohn, Porti, Spesen u. s. w. zu hohe Ausgaben angesetzt habe. Lindthammer kommt zu dem Resultat, dass Senser, resp. die Tabakkommissäre und der Buchhalter, zur Rückzahlung einer Summe von 233,154 fl. angehalten werden sollen[4]).

Die Kommission hatte es sich recht leicht machen wollen in ihren Beschuldigungen gegen Senser. Am 27. September 1698 stellte sie an den Kurfürsten die Frage, ob Senser nach seiner Zurückkunft von Brüssel über das aufgenommene Protokoll und über das sonst zur Sache Gehörige zur Verantwortung und Erläuterung zugelassen werden solle. Die Antwort lautete, dass

---

[1]) G.A. Sensers und Baars Schreiben vom 3. November 1698.
[2]) G.A. Bericht der Untersuchungskommission vom 8. November 1698.
[3]) G.A. Kurfürstliches Schreiben an die zur Untersuchung des Tabakwesens deputierten Räte vom 8. Dezember 1698.
[4]) G.A. Berichte der Untersuchungskommission an den Kurfürsten vom 27. September, 22. Oktober, 8. November, 26. November, 17. Dezember und 31. Dezember 1698.

man es für selbstverständlich halte, den Senser mit seiner Verantwortung zu hören[1]). So sehr sich Senser nach Rechtfertigung sehnte, so lehnte er es doch ebenso wie Angerer und Baar ab, der Kommission selbst auf ihre Vorstellungen zu antworten. Als dieselben zur Berichterstattung über die grossen Unkosten beim Tabakwesen aufgefordert wurden, kamen sie dieser Aufforderung nicht nach, sondern sollen die Untersuchungskommission schimpflich touchiert haben [2]).

Auf die Verantwortung und Erläuterung, die für den Kurfürsten bestimmt war, liess Senser nicht lange warten[3]). Er bemerkt hierbei zum voraus, dass fast alle Rechnungen vom Kommerzienkollegium schon ratifiziert seien und daher nicht mehr angefochten werden können. Zu den einzelnen Forderungen übergehend legt er dar, dass er von den anfänglich eingeschossenen 30,000 fl. auf Anregung des Kommerzienrates Oswald mit 23,000 fl. seine ehemaligen Konsorten für die seit 1686 gemachten Erwerbungen hinausbezahlt, das übrige beim Werk sofort in Umlauf gesetzt habe; den von ihm bei der Uebergabe an das Tabakamt abgegebenen Brasil hätte er an andere teurer verkaufen können; für sein eigenes Fabrikat habe er vertragsmässig einen höheren Preis bekommen, weil in Bayern die Blätter mehr gekostet und er vorher durch einen anderen Vertrag etliche tausend Gulden eingebüsst habe. Bei der Abgabe des Tabakes an die Handelsleute sei nach Vorschrift gehandelt und auf die Lamentationen der Abnehmer hin im Einverständnis mit dem Kommerzienkollegium mit dem Preis zurückgegangen worden; das Entlehnen von Geldern aus der Tabakkasse rechtfertige sich dadurch, dass er auf Anregung des Kurfürsten mit grossen Kapitalien die Fabrizierhäuser gegründet; die Guldiner seien auf Befehl des Kommerzienrates für voll genommen worden und haben nur deshalb nicht mehr so ausgegeben werden können, weil in Nürnberg das Mandat über ihre Entwertung früher bekannt geworden sei; auch für Porti, Fuhrlohn, Reisespesen sei nichts unnötig oder eigenmächtig ausgegeben worden. Senser kommt zu dem Schlusse, dass er nicht nur nichts schuldig sei, sondern noch 1587 fl. herauszubekommen habe. Auf diese Ausführungen Sensers hin verfasste Lindthammer seine Gegenerläuterungen, in welchen er seine früheren Aufstellungen fast durchaus aufrecht erhält und Senser wiederholt beschuldigt, dass derselbe „kulpös und fraudulenter" gehandelt habe[4]).

Ein so klägliches Ende hatte die Verwaltung des Tabakamtes durch Senser genommen. An Ehre, gutem Namen und Kredit geschädigt, mit der Anschuldigung, seinem Herrn eine ungeheure Summe veruntreut zu haben, belastet, trat Senser anfangs Februar 1699 von seiner Stelle als Tabakamtskommissär zurück. Die neue Einrichtung war so weit vorbereitet, dass einen Monat später die neuen Tabakbeamten ihr Geschäftsjahr beginnen konnten. Nachdem in der Hauptsache, dass nämlich das Tabakwesen unter die Hofkammer kommen solle, längst ein Einverständnis erzielt war, erfolgten am 7. Januar 1699

---

[1]) G.A. Kurfürstliches Schreiben an die zum Tabakwesen verordnete Kommission vom 9. Oktober 1688.
[2]) G.A. Bericht der Untersuchungskommission vom 26. November 1698.
[3]) G.A. Sensers Erläuterung vom 30. Januar 1699.
[4]) G.A. Lindthammers Gegenerläuterung auf des Sensers resp. der Tabakamtskommission und des Buchhalters Angerer Erläuterung (ohne Datum).

von der Tabakkommission die näheren Vorschläge [1]). Die Leitung des Tabakwesens sollte zwei Räten anvertraut und über diese ein Oberinspektor gesetzt werden, mit welchem sie sich in wichtigen Fällen benehmen müssten. Auserdem wurde die Anstellung eines Tabakamtskommissärs, eines Sekretärs und Buchhalters empfohlen. Alle Tabakamtsgefälle, die über die Ausgaben übrigbleiben, sollten an die Hofzahlamtskasse geliefert werden, der Tabakkommissär mit dem Buchhalter gleiche Sperre zu halten haben, der Oberinspektor und die deputierten Räte die Kasse hie und da visitieren und für Ablieferung der Gelder sorgen. In betreff des Kommerzienkollegiums war konstatiert, dass es sich durch diese neue Einrichtung von selbst aufhebe. Sollte zur Hebung der Kommerzien eine neue Deputation nötig werden, so lasse sich eine solche durch Räte verschiedener Kollegien mit Zuziehung der Landschaft, der Städte und Märkte allzeit formieren [2]). Nach einigen Modifikationen in betreff der anzustellenden Personen erfolgte durch Resolution und Dekret vom 19. Februar die endgültige Annahme der Kommissionsvorschläge [3]). Der Geheimrat v. Jonner wurde Direktor oder Oberinspektor mit den als Mitglied des Kommerzienkollegiums bezogenen 300 fl. Funktionsgehalt, die Hofkammerräte Pistorini und Imhof wurden Kommissäre für das Tabakamt und Siegelpapier, Oberkommissär Risner erhielt das Tabakamtskommissariat, Hofkammersekretär Schuler wurde Tabakamtssekretär und Gewölbeverweser, Sebald interimistisch bis zur Darlegung seiner völligen Fähigkeit für seinen Posten Tabakamtsbuchhalter. Die Independenz und Jurisdiktion des Kommerzienkollegiums wurde für erloschen erklärt, weshalb für Konfiskations- und Konterbandstrafen in Zukunft der Hofrat zuständig sein sollte. Die Tabakniederlage war schon am 11. Februar von Sensers Haus in die Fabrika verlegt worden. Ueber den gänzlichen oder teilweisen Ankauf der Senserschen Fabrizierhäuser sollten die Tabakbeamten und der Hofrat in Beratung treten [4]).

Das Geschäftsjahr der neuen Tabakverwaltung begann am 6. März 1699 und schon am 27. Mai meldet die Tabakbehörde [5]) mit Befriedigung, dass jetzt das Tabakwesen weit besser bestellt sei als vorher. Neben dem Bestreben, die Ausstände richtig hereinzubringen und die schuldigen Beträge rechtzeitig abzu-

---

[1]) G.A. Bericht der Untersuchungskommission für das Tabakwesen, Vereinigung desselben mit der Hofkammer etc. vom 7. Januar 1699.

[2]) G.A. Kurfürstliches Schreiben an die zur Untersuchung des Tabakwesens verordneten Räte vom 19. Januar 1699.

[3]) G.A. Kurfürstliche Resolution vom 19. Februar 1699. Kurfürstliches Dekret vom 19. Februar 1699.

[4]) Drei Tage vor der Neueinrichtung im Tabakwesen war von freihändlerisch gesinnter Seite ein „Unmassgebliches Projekt wegen gnädigster Beförderung meines gnädigsten Herren Interesses und dero Landesunterthanen, verfasset den 16. Februar 1699" eingelaufen, welches den Vorschlag enthielt, jede tabaktrinkende Person mit einer Personalsteuer von 20 kr. zu belegen, wodurch sich ein Ertrag von 200,000 fl. gewinnen lassen würde. Es wurde dieses Projekt an den Rektor des Jesuitenkollegiums Lud. Rhuerstorf geleitet, damit derselbe von zwei seiner Theologen ein schriftliches Gutachten ausarbeiten lasse. Da dieses Gutachten sich entschieden gegen die Zulässigkeit einer solchen Steuer aussprach, so wurde die Angelegenheit nicht weiter urgiert. Auch das Anerbieten der Handelsleute Oppenrieder und Skaguler, für den Tabakapaldo jährlich 30,000 fl. zu zahlen und 40,000 fl. sofort vorzuschiessen (Schreiben der Handelsleute Skaguler und Oppenrieder an Ihre Exzellenz vom 16. September 1699, G.A.), wurde abgelehnt.

[5]) G.A. Bericht des Tabakamtes vom 27. Mai 1699.

führen, ging man auch daran, unnötige Bedienstete zu entfernen. So wurden neun Neben- oder Bescheinigungsfaktoren entlassen, in der Oberpfalz, wo die Besoldungen im Betrage von 1432 fl. den Gewinn überstiegen, wurde der Kommissär Meiller abbestellt, da der Kommissär Weinzierl die Geschäfte allein versehen könne, ebenso wurde der Gewalthaber in Tirschenreuth für überflüssig erklärt. Da auch an die Fabrik die früher geleisteten 12,000 fl. nicht mehr bezahlt wurden, so ward der Etat des Tabakwesens um ein Merkliches entlastet. Der Verschleiss ging im ersten Jahr auf 6908 Ztr., also um ein unbedeutendes zurück, aber der Gewinn wies die ansehnliche Summe von 52,000 fl. auf. Im folgenden Geschäftsjahr zeigte sich, dass der Verbrauch sich wieder minderte, denn er betrug nur 6311 Ztr., der Gewinn erhielt sich aber dessenungeachtet auf der Höhe von 52,041 fl. Nun suchte man durch ein Mandat nachzuhelfen [1]). In demselben wurden der Hauptsache nach die strengen Vorschriften von 1698 wiederholt, ausserdem sollten vom 1. Januar 1702 an von den Konfiskationen und Strafen, die 100 fl. nicht übersteigen, Angeber, Ortsobrigkeit und Hofkammer je ein Drittel bekommen. Aber trotz dieses Mandates liess sich eine merkliche Hebung des Verschleisses und Ertrages nicht erreichen. Vom Jahre 1701—1702 verbrauchte man 6381 Ztr. und profitierte 53,262 fl., vom Jahre 1702—1703 wurden an 6362 Ztr. gewonnen 51,997 fl., von 1703—1704 wurde in 1¼ Jahren der auffallend niedere Gewinn von 53,216 fl. an 10,942 Ztr. gemacht. Der Grund dieses Rückganges wurde darin gefunden, dass bei billigerer Abgabe des Tabakes wegen der feindlichen Einfälle und Kriege die Herbeischaffung desselben teurer kam. Im letzten Geschäftsjahr der bayrischen Hofkammer vom 7. Juni 1704 bis 6. Juni 1705, wo die Fortführung des Tabakwesens in einem grossen Teil Bayerns wegen der österreichischen Okkupation unterbrochen war, konnte von den verschleissten 4632 Ztr. ein Avanzo von 11,813 fl. abgeliefert werden.

Der Tabak wurde auch unter der neuen Verwaltung von den Nürnbergern und von Senser bezogen. Die Stellung des letzteren war aber eine ziemlich prekäre geworden. Als er von seinem Amte zurücktrat, wurden ihm nicht einmal der letzte Tabakstuben- und Gewölbezins und seine letzte Jahresbesoldung ausbezahlt; für das an die Hofkammer zu liefernde Tabakgut sollte ihm nichts verabfolgt werden, bis er die Ausstände hereinbezahlt habe; der Blättergulden wurde ihm gestrichen [2]). Dass Senser auf diese Weise mit seinen Fabrizierhäusern in die grösste Bedrängnis kommen musste, liegt auf der Hand. Er hatte sich in 2 Memorialien an den Kurfürsten gewendet, derselbe möchte ihm vorerst die 23,000 fl. vergüten, welche er 1692 an seine Konsorten bezahlt habe, wodurch dann die um besagte Summe erworbenen Anwesen in kurfürstlichen Besitz übergingen. Der Kurfürst lehnte Sensers Ansinnen ab, forderte jedoch über Sensers Memorialien von der Tabakkommission ein Gutachten. Senser wendete sich am 30. April wieder an den Kurfürsten; er berief sich darauf, dass er die Tabakfabriken nur im Hinblick auf die früheren Verträge errichtet habe, welche nach Ablauf des Apaldos die Uebernahme der Fabrizierhäuser durch den

---

[1]) Generalmandat vom 15. September 1701. M.St.B. VII. 5.
[2]) G.A. Sensers Schreiben an den Kurfürsten vom 30. April 1699. Kurfürstliche Resolutionen vom 31. März und 2. April 1699.

Kurfürsten statuieren. Sogar bis 1697 seien seine Bauten nur mit kurfürstlicher Einwilligung geführt worden und er könnte daher die Uebernahme aller bis auf besagte Zeit hergestellten Fabrizierhäuser verlangen. Für den Augenblick bat er zur Bestreitung der Fabrikationskosten um einen Vorschuss von 2000 fl. Aber die Räte des Kurfürsten, welche die Tabakkommission bildeten, waren nicht allein gegen eine Vorschussleistung an Senser, sondern verlangten, dass zur Sicherung der von Senser schuldigen Summen Arrest auf seine Güter gelegt werde. Unter den bittersten Klagen, dass man ihn bis in den Tod verfolge, bot nun Senser am 15. Juni 1699 einen Teil seiner Anwesen im Schätzungswerte von 106,200 fl. als Kaution an[1]). Die Kommission begnügte sich mit der Kaution nicht, da sie wohl die Anwesen für sehr verschuldet hielt, sondern nahm die Tabakfabriken in Amberg, Berg und Menzing als Pfand. In seiner Bedrängnis brachte es Senser über sich, „um persönlichen Vorlass und Annäherung" bei dem Tabakinspektor, dem Geheimrat v. Jonner, zu bitten. Dieser lehnte es jedoch ab, Senser zu empfangen und liess ihm nur sagen, dass seine Angelegenheiten baldigst verbeschieden werden. Trotz dieser brüsken Abweisung sandte Senser am 20. Dezember 1699 an Jonner die schriftliche Bitte, derselbe möge ihm zu einem Vorschuss von 10,000 fl. zur Bestreitung der Fabrikation und zu einer Resolution über den Blättergulden verhelfen, der ja doch nur den Landleuten zu gute komme[2]). Nachdem Senser drei Tage vergeblich auf Antwort gewartet hatte, wandte er sich in dieser Angelegenheit an den Kurfürsten. Da aber Senser wusste, dass er ohne Fürsprecher am Hofe nichts erreichen werde, so bat er unterm 13. Januar 1700 den Herrn v. Prielmayr, den Vorschuss und den Blättergulden zu befürworten[3]). Ohne die Erfüllung seiner Gesuche, erklärte Senser, müssen die Tabakfabriken gesperrt werden; die Verantwortung für das Elend, welches dadurch viele Arbeiter treffe, müsste er dem Minister überlassen. Mit wiederholter Versicherung seiner Unschuld bittet er um Gotteswillen, seiner Inquisitionssache ein Ende zu machen. Obwohl Senser sich am 10. Februar 1700 wieder an den Kurfürsten wendete[4]), um, wenn auch keinen Vorschuss, so doch die Herauszahlung seines Guthabens zu erwirken, wurde ihm eine Antwort oder Gewährung seiner Bitte nicht zu teil. So hatte Senser im ersten Jahr der neuen Einrichtung wenig Erfreuliches erlebt. Im Anfang des zweiten Jahres war in der Senserschen Inquisitionssache betreffs der zu restituierenden Summe eine entschiedene Wendung zum Besseren eingetreten. Schon am 2. April 1699, nachdem die Erläuterungen und Gegenerläuterungen eingelaufen waren, wurden Senser und Konsorten vor die Untersuchungskommission gerufen, um mündlich zu Protokoll vernommen zu werden[5]).

---

[1]) Nämlich das doppelte Fabrizierhaus zu Berg, die Fabrizierhäuser zu Schrobenhausen, Menzing, Amberg, Rain, Dietfurt, die Korrespondenzhäuser zu Amberg und Ried, dazu kam ein Guthaben für gelieferten Tabak. Um sich als zahlungsfähig zu legitimieren, reichte Senser am 15. Juni 1699 ein Inventar ein, welches 316,000 fl. Aktiva gegen 205,797 fl. Passiva, also ein Aktivvermögen von 110,403 fl. aufwies.

[2]) G.A. Sensers Schreiben an den Geheimrat v. Jonner vom 20. Dezember 1699.

[3]) G.A. Schreiben Sensers an Excellenz de Priellmayr, Conseiller und Staatsminister à Brusselles vom 13. Januar 1700.

[4]) G.A. Schreiben Sensers an den Kurfürsten vom 10. Februar 1700.

[5]) G.A. Bericht der Untersuchungskommission über die von Senser abgelegten Rechnungen, angebrachten Erläuterungen etc. vom 12. März 1700.

Sie erschienen zwar, hatten sich aber nicht veranlasst gesehen, die Produkte, auf welche sie sich in der Erläuterung bezogen, vorzulegen. Um nun zu verhindern, dass nach Ablauf der Untersuchung dieselbe ex novis productis wieder aufgenommen werden müsse, so wurde von der Untersuchungskommission eine Subdeputation aufgestellt, bestehend aus dem Tabakamtskommissär Risner, dem Herrn v. Spagern und dem Hofkammersekretär Mileithner. Dieselbe sollte nun in Gegenwart der ehemaligen Tabakkommissäre und des Buchhalters Angerer aus den Handelsbüchern der Tabakamtsstube und aus der Kommerzienratsregistratur alles aufsuchen, was „pro vel contra" dienlich sein könnte. Die Deputation fand nun bei ihrer Arbeit verschiedene Befehle und Resolutionen, welche zu gunsten der Beschuldigten sprachen und in die Angelegenheit in verschiedenen Punkten ein neues Licht zu bringen geeignet waren. Insbesondere zeigte sich, dass sich durch diese Nova das den Rechnungsführern in die Schuldigkeit gesetzte Quantum um ein Namhaftes mindern werde. Aus sämtlichen Bilanzen und deren Belegen ergebe sich, dass Senser 35,613 fl. in die Schuldigkeit zu setzen seien; dazu komme noch eine Restschuld von 2593 fl., die sich aus Interimsrechnungen ergeben, so dass sich die ganze Schuld auf 38,206 fl. belaufe. Senser solle also zur Restitution dieser Summe und zu einem ernstlichen Verweis kondemniert werden. In betreff des J. G. Baar, welcher seine vollständige Schuldlosigkeit darzulegen versucht hatte, schlug die Subdeputation vor, dass ihm ein Verweis erteilt und er mit Angerer für einen Teil der Schuld im Falle der Zahlungsunfähigkeit des Hauptschuldners Senser haftbar sein solle[1]). Trotz dieser relativ günstigen Wendung war jedoch Sensers Lage keine beneidenswerte. Seine Bedrängnis wurde um so grösser, als auch seine Gläubiger immer unruhiger wurden. Man kann nicht sagen, dass sie dazu keinen Grund gehabt hätten. Die Untersuchungskommission hatte von den als Pfand genommenen Fabrizierhäusern das in Menzing um 5535 fl. an die Hofmark in Menzing verkauft, die beiden andern in Berg und Amberg waren durch die kriegerischen Ereignisse eingegangen. Natürlich waren infolge der unruhigen Zeitläufte auch Sensers übrige Anwesen entwertet worden.

Diese kriegerischen Verhältnisse, welche für Bayern unnennbare Leiden, feindliche Invasion und Okkupation brachten, machten auch der Verwaltung des Tabakwesens durch die Hofkammer ein Ende. Bekanntlich war im April 1701

---

[1]) Natürlich behaupteten Senser und Baar auch diesen reduzierten Ansprüchen gegenüber ihre völlige Unschuld. Baar beklagt sich in einem Schreiben vom 20. März 1700, dass er gegen Recht und Billigkeit zu gemeiner Desolation seiner Angehörigen ganz unchristlich entsetzt worden sei, und Senser führt in einem Schreiben an den Kurfürsten vom 12. Juni 1700 aus, dass er zum Schaden des kurfürstlichen und Landesinteresses ganz unschuldig gequält werde und bittet um des Blutes Christi und aller Heiligen willen, dass die Inquisitionssache zu Ende gebracht werde. Ja, es hatten Senser, Baar und Angerer, als die Anträge der Untersuchungskommission an den Kurfürsten abgegangen waren, sofort dem Revisorium die Mitteilung gemacht, dass sie im Falle einer Kondemnation oder Exekution beim Revisorium die Appellation einlegen werden. Das Revisorium liess nun vom Revisionsrat J. M. Allmaier ein Gutachten ausarbeiten, ob eventuell eine Appellation an das Revisorium zulässig sei. Der Referent kam zu dem Schluss, wenn man die Tabakbeamten zu den Kassabeamten zähle, so seien sie nach einer Verordnung vom Jahre 1699 so lange eingesperrt zu halten, bis sie den Schaden ersetzt haben, ohne dass sie auf ein gerichtliches Verfahren Anspruch hätten. Rechne man sie jedoch nicht zu den Kassabeamten, so sei eine Appellation ans Revisorium wohl zulässig. G.A.

Max Emanuel nach Bayern zurückgekommen, um an dem Kriege gegen Oesterreich teilzunehmen. Nachdem die Verhandlungen, welche auf Anraten des Geheimen Rates und der bayrischen Landschaft 1702—1703 eingeleitet worden waren, sich zerschlagen hatten, begann die Aktion am Inn und in der Oberpfalz. Nach kurzen Erfolgen in Tirol kam Max Emanuel nur mit Mühe nach Bayern zurück. Die unglückliche Schlacht bei Blindheim zwang ihn, sich an den Rhein zurückzuziehen und seiner Gemahlin Maria Theresia die Regierung zu überlassen, welche dieselbe am 30. August 1704 übernahm. Die Regentin bemühte sich vergebens, einen Frieden zu erreichen. Die Not der Zeit zwang sie am 7. Nov. 1704 den Vertrag von Ilbersheim zu unterzeichnen, nach welchem Bayern an Oesterreich abgetreten wurde, nur das Rentamt München sollte der Kurfürstin zur Nutzniessung überlassen bleiben. In Landshut wurde eine österreichische Landesregierung unter der Statthalterschaft des Grafen Löwenstein-Wertheim angeordnet, in Amberg war der Frh. v. Tastung zum Unterstatthalter ernannt.

In den unter der kaiserlichen Gewalt stehenden Rentämtern wurde den Faktoren der Auftrag, von Bayern kein weiteres Tabakgut zu beziehen, aber auch von dem Erlös des Tabakes nichts an das bayrische Tabakamt einzusenden. Vergebens klagte die bayrische Tabakkommission[1]), dass dieses Vorgehen den abgeschlossenen Traktaten und der Billigkeit widerspreche, der Kurfürst möchte doch wenigstens zu erreichen suchen, dass die Oesterreicher bis zum Ausverkauf des vorhandenen Tabakes und bis zur Hereinbringung der Schulden mit der „Ansichziehung" warten. Der Krieg kehrte sich an solche Billigkeitsrücksichten nicht; mit Gewalt wurden die Gelder der Tabakkassen bei den Faktoren weggenommen. Wer hätte es auch hindern sollen? In Bayern war kein Regent und keine Regentin mehr, denn die Kurfürstin war, müde des Anblicks so vielen Jammers, am 26. Februar nach Venedig abgereist. Da man in Bayern einer Verschwörung auf die Spur gekommen war, so zogen auch ins Rentamt München die Oesterreicher ein. Während bisher die kaiserlichen Kommissäre in den drei Rentämtern das Tabakwesen ähnlich geführt hatten, wie die Delegierten der bayrischen Hofkammer im Rentamt München, auch in betreff der Bezugsquellen, des Verschleisses und Ertrages so ziemlich die gleichen Verhältnisse sich zeigten, kam die österreichische Administration nach der Schlacht von Sendling und der Aechtung des Kurfürsten infolge der vielen Konterbanden auf den Gedanken, wieder einen Privatapaldo zu errichten, obwohl dieselbe Administration in betreff des Tuchhandels Handelsfreiheit einführte und in Oesterreich selbst von dem Tabak ein Aufschlag bezahlt wurde[2]). Der österreichische Tabakapaltator war kein anderer als Senser. Gerade in der drangsalvollen Zeit der österreichischen Invasion hatte dieser vielverfolgte Mann wieder Oberwasser bekommen. Seine Inquisitionssache war zu einem ihm sehr günstigen Ende geführt worden. Trotz des früher erwähnten[3]) bedenklichen Gutachtens des Revisionsrates Allmaier hatte man es schliesslich doch für geraten gehalten, die Sensersche Angelegenheit vor das Revisorium zu bringen. Dies geschah

---

[1]) G.A. Bericht der Tabakkommission vom 17. Januar 1705.
[2]) Oesterreichische Revue 1863, II, S. 107.
[3]) S. Anm. S. 57.

anfangs des Jahres 1705. Das noch mit einigen Räten aus anderen Kollegien verstärkte Revisorium schöpfte seine Informationen teils aus schriftlichen Produkten, teils aus den mündlichen Darlegungen der drei ehemaligen Kommerzienräte: Graf von Heimhausen, von Wämpl und Scharfsed; ausserdem wurde noch ein Hofkammerrat gehört. Das Revisorium nahm auf die Ausführungen der schon genannten Subdeputation keine Rücksicht, sondern prüfte von neuem die Rechtmässigkeit all der Summen, welche Lindthammer dem Senser zur Last gelegt hatte und die sich nun mit Einrechnung des oberpfälzischen Tabakwesens auf 285,000 fl. beliefen. Der Spruch des Revisoriums ging dahin, dass Senser im ganzen nur 7000 fl. zu restituieren habe und er sowohl als Baar von jedem Dolus freizusprechen seien [1]). Als der auf diese Weise rehabilitierte Senser von

---

[1]) G. A. Schreiben der Untersuchungskommission an die kaiserl. Administration in betreff Sensers und der Entscheidung des Revisoriums (ohne Datum). Durch die Entscheidung des Revisoriums fühlte sich die Inquisitionskommission hart getroffen. Sie wandte sich daher am 13. März 1705 an den Kurfürsten mit der Bitte, die Publizierung und Exekution des Bescheides zu verschieben, bis sie der Kurfürstin, wenn sie wieder zurückkomme, eine Repräsentation gethan; auch solle das Revisorium zu einer Erläuterung veranlasst werden. Aber durch kurfürstliches Signat wurde befohlen, dass die Publizierung des Revisionserkenntnisses unverweilt zu erfolgen habe. Als die kurfürstliche Gewalt in Bayern nominell und thatsächlich aufgehört hatte, wandte sich Senser am 25. Juni 1705 an den Kaiser mit der Bitte, es möge die Inquisitionskommission angehalten werden, ihm die eingezogenen Güter zurückzugeben und den durch die Einziehung verursachten Schaden zu vergüten. Auf diese „fussfällige" Bitte erging am 7. Juli 1705 vom kaiserlichen Revisionskollegium an die spez. Tabakkommission der Befehl, dem Supplikanten dasjenige, was dem Revisionserkenntnis entgegen ihm exequiert worden, wiederum abzutreten und demselben gebührende Satisfaktion zu geben, widrigenfalls die Exekution dem kaiserlichen Hofrat anbefohlen werde. Die Inquisitionskommission stellte unterm 24. Juli 1705 vor, dass die in der Oberpfalz liegenden Fabrizierhäuser Amberg und Berg wegen der eingefallenen Kriegstroublen schon seit 3 Jahren eingegangen, die ebenfalls eingezogene Fabrik Menzing seit derselben Zeit der Hofmark Menzing gegen den Schätzungswert von 5538 fl. inkorporiert worden sei. Senser behaupte daher mit Unrecht, dass das Tabakamt die Güter noch geniesse, und er erweise sich also auch hier als sträflicher Kalumniant, der sein Schicksal nur seiner üblen Konduite, verübten Untreue und Eigennützigkeit zuzuschreiben habe. Die Inquisitionskommissäre stellen endlich dar, dass sie schon seit 4 Jahren die Senserschen Güter und Effekten dem Tabakamt ausgeantwortet haben und ihnen daher eine Zurückgabe solcher Güter oder eine Satisfaktion nicht zugemutet werden könne. Es war der Inquisitionskommission aber bei der Sache doch nicht recht wohl. Sie sandte daher die mit dem Revisorium gewechselten Schriftstücke unterm 27. Juli an den Grafen Löwenstein mit der Bitte, der Graf möge, wenn der bekannte Kalumniant Senser oder dessen Parteigänger sie bei der Administration verdächtigen, in seiner angeborenen Hochherzigkeit und Güte ihre Erläuterung in Gnaden vernehmen. Sie werden dann aktenmässig beweisen, dass sie in der Senserschen Inquisitionssache nach Recht, Pflicht und gnädigstem Befehl verfahren seien. Die weiteren kaiserlichen Befehle vom 25. August und 15. September, welche der Inquisitionskommission den „zuverlässigen" Auftrag geben, das zu viel Exekutierte dem Senser zurückzugeben, konnten schon aus dem einfachen Grunde keinen Erfolg haben, weil das, was Senser beanspruchte, nicht mehr vorhanden war. Als am 15. September Senser wieder klagbar wurde, dass der Tabakkommissär Jobst und dessen Schwager Jonner, sowie der gewesene Hofkanzler Giggenbach ihn bei den hohen Dikasterien diffamiert und die Inquisitionskommission ihn ungerecht behandelt habe, wandte sich letztere mit einem geharnischten Schreiben an die kaiserliche Hofkammer in München, in welchem alle früheren Anklagen gegen Senser wieder aufgewärmt sind, um die Hofkammer von Sensers Eigennutz, Trügereien und begangenem Perjurium zu überzeugen. Man müsse sich über das Urteil des Revisoriums sehr wundern, da Senser für meineidig, ehrlos und infam zu halten sei. Die Inquisitionskommission schlägt vor, die Sensersche Inquisitionssache dem Arbitrio einer juridischen Fakultät anzuvertrauen. Dies ist nun nicht geschehen, sondern die Sensersche Streitsache hatte mit dieser Expektoration der Inquisitionskommission ihr Ende erreicht.

der österreichischen Verwaltung den Tabakapaldo übernahm, ward jedoch seine Lage eine ziemlich prekäre. Seine Vermögensverhältnisse hatten durch die vielen Drangsale, die er erlitten, und durch die unruhigen Zeiten schwer gelitten, so dass er mit eigenen Mitteln den Tabakapaldo nicht hätte übernehmen können. Es ward daher wieder ein Konsortium gebildet, das neben Senser aus der verwitweten Gräfin Maria Anna v. Fugger, dem Franz Freiherrn von Baumgarten und mandatario nomine für das St. Anna-Frauenkloster aus Franz Baar bestand. Die Gesellschaft hatte sich verpflichtet, für die Ueberlassung des Apaldos in den vier Rentämtern und in der Oberpfalz jährlich 26,000 fl., zahlbar in monatlichen Raten, zu leisten [1]). Durch Generalmandat vom 26. März 1706 [2]) wurde der neue Vertrag zur öffentlichen Kenntnis gebracht. „Wir geben," heisst es, „zu vernehmen, dass Wir Unserm Hofkammerrat Joh. Senser und Konsorten das bisher in Verrechnung gestandene Tabakkommerzium in allen vier Rentämtern München, Landshut, Burghausen und Straubing, dann in der Oberpfalz um einen gewissen jährlichen Pachtschilling vom 1. April 1706 an auf sechs Jahre dergestalt überlassen, dass derselbe mit dem in- und ausländischen fabrizierten Rauch- und Schnupftabak, dann mit Tabakpfeifen allein zu handeln Fug und Macht habe." Die Pächter sollen zur Versilberung des Tabak- und Pfeifengutes an beliebigen Orten im ganzen Lande Faktoren und zur Verhütung der Konterbanden beliebig viel Ueberreiter auf ihre Unkosten aufstellen dürfen. Betreffs der Strafen gegen die Schwärzer und der Verteilung der Strafgelder blieb es der Hauptsache nach bei den herkömmlichen Bestimmungen, die Kontrollmassregeln aber wurden verschärft. Für den Minutoverschleiss wurde den Handelsleuten und Krämern der Preis von den Apaltatoren vorgeschrieben, der Tabakbau von einer Erlaubnis derselben abhängig gemacht. Nachdem der Vertrag sanktioniert war, erneuerte Senser auch wieder die früheren Nebenverträge gegen Bezahlung der herkömmlichen Summen [3]). Ausser den strengen Massregeln gegen die Uebertreter der Tabakverordnungen hatte man für reichlichere Absatzquellen gesorgt, indem auf dem platten Lande bei den Geikrämern oder in Ermangelung solcher bei den Wirten Tabak zu haben war. Aber alles half nichts, die Schwärzereien wollten nicht aufhören. Besonders hatten sie unter den Soldaten eingerissen, gegen welche schwer einzuschreiten war. Senser wandte sich daher am 30. Januar 1708 [4]) mit der Vorstellung an den Kaiser, dass er trotz der schlechten Zeiten und vielen Hindernisse bisher den paktierten Betrag bezahlt habe, jetzt aber um Nachsicht bitten müsse, da ihm die Bezahlung unmöglich sei. Der Kaiser erliess auf Sensers Vorstellung hin an die Befehlshaber der Truppen den gemessenen Auftrag, dass sie die Soldateska zur Beobachtung der Tabakverordnungen anhalte, von Senser erwartet der Kaiser jedoch, dass er von nun an mit den monatlichen Raten einhalte [5]). Dass auch jetzt die Konterbanden nicht abnahmen, wurde der mangelnden Energie der Behörden zugeschrieben. Ein Generalmandat vom 29. August 1711 [6]) klagt, dass

---

[1]) Diese Summe wird in einem Bericht vom 30. Januar 1618 angegeben. G.A.
[2]) M.St.B. VII. 50.
[3]) Mit Freising wurde der Vertrag am 16. Juli 1706 geschlossen. G.A.
[4]) G.A. Sensers Schreiben an den Kaiser vom 30. Januar 1708.
[5]) G.A. Kurfürstliches Signat vom 7. Mai 1708.
[6]) M.St.B. VIII. 19.

Beamte, Obrigkeiten und Hofmarksinhaber, besonders aber die untergeordneten Amtsleute konnivieren, den Konterbandierern durch falsche Bestätigung ihrer Unvermögenheit durchhelfen, den Visitationen der Ueberreiter sich widersetzen und letztere sogar mit Totschlag bedrohen. Die Strafen werden nun wieder verschärft; zweimalige Uebertretung der Generalien solle nach Umständen Zuchthausstrafen nach sich ziehen, an unbemittelten Konterbandierern sollen von den Obrigkeiten ohne Bericht und bei Vermeidung aller Unkosten Leibesstrafen vollzogen werden. Lässigen Beamten wurde mit Amotion und ebensolchen Hofmarksinhabern mit Aufhebung der Jurisdiktion gedroht. Alle diese drakonischen Bestimmungen aber erzielten nicht die gehoffte Wirkung. Als im Jahre 1712 der Vertrag abgelaufen war, stand die Sache der Tabakgesellschaft so schlecht, dass Senser für das Geratenste hielt, sich vom Schauplatz seiner Thätigkeit zurückzuziehen. Nach den vorliegenden Berichten [1]) war ein Defizit von 55,000 fl. vorhanden und der Ruin des ganzen Werkes unausbleiblich, wenn nicht durch Aufnahme neuer Kapitalien eine Sanierung der Verhältnisse unternommen würde. Die aristokratische Gesellschaft, welcher nach Sensers Rücktritt das Tabakwesen geblieben war und die ohne grosse Verluste sich nicht zurückziehen konnte, war in der schwierigsten Lage. 6000 fl. sollten noch als Pachtschilling abgeführt werden, 7000 fl. benötigte man als Betriebskapital, 5000 fl. fehlten in der Kasse, die derselben „unfugsam" entzogen worden waren [2]). Die Landschaft, welche schon seit der österreichischen Invasion nichts mehr erhalten hatte, wandte sich wiederholt an die Pächter, damit diese die bedungenen Summen bezahlen sollten [3]). Die Lage des Konsortiums war um so unbequemer, als demselben nach dem Ausscheiden Sensers auch die Geschäftskenntnis abging. Um aus dem Wirrsal hinauszukommen, betraute dasselbe mit der Führung der ganzen Angelegenheit den J. Achilles Risner. Unter dessen Leitung wurde mit der kaiserlichen Administration ein neuer Vertrag [4]) geschlossen. Derselbe sollte von 1712—1720 dauern. Der Betrag wurde, da die nach der Aechtung des bayrischen Kurfürsten erfolgten Gebietsabtretungen den Tabakverschleiss bedeutend verringert hatten, auf 12,000 fl. jährlich festgesetzt. Dazu kamen die Ausgaben für Nebenverträge [5]). Obwohl durch Auffrischung der das Tabakwesen betreffenden Generalien die Gesellschaft unterstützt wurde [6]), und Risner der Geschäftskenntnis und guten Willens nicht entbehrte, so war das Werk doch nicht in Flor zu bringen. In seiner Verlegenheit wandte sich Risner sogar an die Landschaftsverordneten, um einen Beitrag zur Unterhaltung der Kommerzienüberreiter zu bekommen. Dieselben antworteten jedoch damit, dass sie die seit 1705 verfallenen 9000 fl. forderten, an eine Leistung ihrerseits war nicht zu denken [7]).

---

[1]) G.A. Bericht der Tabakapaltatoren an den Bischof von Freising vom 17. Februar 1712. Bericht der Apaltatoren vom 20. Juli 1715.
[2]) G.A. Schreiben der Apaltatoren an den Bischof v. Freising vom 17. Februar 1712.
[3]) G.A. Schreiben der Landschaft vom 8. April 1711, 2. Mai 1711, 30. Januar 1713.
[4]) Der Vertrag ist nicht vorhanden; seinen Inhalt erfahren wir aus der Korrespondenz der Apaltatoren mit dem Bischof v. Freising. G.A.
[5]) Der Vertrag mit Freising wurde am 1. April 1712 erneuert.
[6]) G.A. Generalmandat vom 31. Dezember 1712.
[7]) Risners diesbezügliches Schreiben vom 31. Mai 1713 ist nicht vorhanden. G.A. Schreiben der Landschaft an den Tabakkommissär Risner vom 20. März 1714.

Noch einmal wollte man durch erhöhte Strenge in der Bestrafung der Konterbanden dem schlechten Geschäftsgang aufhelfen. Das Generalmandat vom 18. Februar 1715[1]) konstatiert, dass die bisherigen Strafen, öffentliche Vorstellung und Zuchthaus nichts helfen und dass die Vermöglichen sich der Zahlung von Geldstrafen entziehen; in Zukunft solle gegen das unvermögliche Gesindel vor der öffentlichen Vorstellung die gegen vagierende Bettler festgesetzte Strafe, nämlich Karbatschung mit etlichen Streichen vorgekehrt werden; im Wiederholungsfall soll neben Zuchthaus und Schanzarbeit in Eisen und Banden die Karbatschung verdoppelt, das dritte Mal soll Landesverweisung eintreten können. Da sich Konterbandierer gewöhnlich für arm ausgeben, so solle auf ihre Mithelfer und Komplicen strenge gefahndet worden, damit von diesen die Strafe eingeholt werden könne. Wenn ganze Dörfer sich gegen die Ueberreiter und deren Visitationen auflehnen, so sollen sie exemplarisch gestraft werden. Schwärzende Bürger und Krämer sollen ihr Vergehen das erste Mal mit einer Geldstrafe büssen, das zweite Mal soll neben der Geldstrafe die Einstellung des Gewerbes auf ein Jahr, das dritte Mal neben doppelter Geldstrafe der ständige Verlust des Gewerbes eintreten. Um bei den Krämern das Leugnen und Vertuschen zu verhüten, sollen bei gegründetem Verdacht die Handlungsbücher derselben auf etliche Jahre zurück bei der Obrigkeit durchgesehen und nach Gestalt die Ladendiener und Ehehalten examiniert werden. Die Boten sollen streng untersucht und wenn sie Konterbandgut führen, mit denselben Geld- und Schandstrafen wie die Konterbandierer bedacht werden. Ueber die Beschau und die Bolletten werden die Bestimmungen von 1679 erneuert. Leugnen solle die Konterbandierer nichts helfen, da den auf Eid und Pflicht aussagenden Ueberreitern und Amtsleuten mehr zu glauben sei. Wenn in einem Landgericht oder einer Hofmark der Konsum am Tabak abnehme, so sollen die Wirte und Krämer vor die Obrigkeit citiert, streng inquiriert und der Befund an die Dikasterien berichtet werden. Die Ueberreiter sollen gegen Bedrohungen und Gewaltthätigkeiten kräftig unterstützt und dieselben für „ehrliche Leute" gehalten werden, deren Kinder ohne Legitimation zur Erlernung eines Handwerkes fähig sein sollen. Wer bei Faktoren Konterbandtabak findet, solle vom Pfund 8 fl. Rekompense bekommen. Besonders streng solle bei Wasserüberfahrten kontrolliert, Schiffe und Flösse nach den Bestimmungen vom 31. Dezember 1712 visitiert werden. Konnivierende Beamte sollen amoviert werden und regresspflichtig sein. Auch hohe und niedere Offiziere sollen an dieses Mandat gebunden sein und dem verbotenen Tabakverschleiss der Soldaten und deren Weiber entgegentreten. Wer, ohne selbst eine Fabrik zu haben, zum Blätterbau berechtiget ist, solle dieselben nur an die nächstgelegene Landesfabrik verkaufen dürfen. Unbefugtes Anfertigen von hölzernen und eisernen Tabakpfeifen und Röhrlein, sowie von gebrannten irdenen Kopf- und Tabakpfeifen solle mit 3 kr. per Stück geahndet werden. Endlich solle das Mandat sogleich öffentlich publiziert, an den gewöhnlichen Orten affichiert und während des Jahres bei Ehehaften, Verhören und Kirchweihen, öffentlichen Jahr- und Wochenmärkten wenigstens viermal im Jahr verrufen werden. Wenn auch dieses Mandat nicht half, durch welches das Volk

---

[1]) M.St.B. VIII. 54.

unsäglichen Plackereien ausgesetzt wurde, so war eigentlich guter Rat teuer. Inzwischen war Bayern wieder bayrisch geworden. Die Friedensschlüsse zu Rastadt und Baden hatten dem unglückseligen spanischen Erbfolgekrieg ein Ende gemacht. Schon am 26. Januar 1715 war die Landesregierung von der österreichischen Administration in die Hände des Grafen Preysing gelegt worden. Max Emanuel, der in alle seine Länder, Ehren und Rechte wieder eingesetzt ward, kehrte, als die Schwierigkeiten wegen der Räumung Bayerns beseitigt und die fremden Truppen auch aus der Oberpfalz entfernt waren, am 10. April 1715 nach München zurück. Das vielgeprüfte Land war in einer Verfassung, dass es der eifrigsten landesväterlichen Fürsorge bedurfte, wieder geordnete Zustände herzustellen. Nachdem die Regierungskollegien ergänzt waren, wurden zur Besserung der zerrütteten Verhältnisse zahlreiche Verordnungen erlassen. Auch der Tabakangelegenheit wendete der Kurfürst bald Aufmerksamkeit zu. Die Hofkammer wurde beauftragt, vor allem festzustellen, was der Tabak von seiner Einführung bis incl. 1714 jährlich ertragen, und wie viel ungefähr jährlich verschleisst worden. Die Hofkammer war jedoch ausser stande, auf diese Fragen Bescheid zu geben. Nur die Rechnungen von 1699—1702 konnten ausfindig gemacht werden, aus welchen sich ergab, dass in dieser Zeit jährlich etwas über 50,000 fl. aus dem Tabak gezogen wurden. Diese Summen waren verlockend genug, den Tabakverschleiss wieder der Hofkammer zu unterstellen. Am 12. Juli[1]) wurde dem Tabakkonsortium mitgeteilt, dass der Kurfürst den Apaldo selber übernehmen wolle und zwar sollte die Uebernahme schon am 1. Oktober perfekt werden können. Die Gesellschaft erklärt sich zur Abtretung des Apaldos bereit, führt jedoch aus, dass sie sehr viel Geld eingebüsst und nur mit Mühe und Anstrengung das ganz heruntergekommene Werk wieder gehoben habe. Die Gesellschaft bittet daher, ihr den vom Januar bis Oktober treffenden Pachtschilling von 6000 fl. zu erlassen und für die aufgewendeten Kapitalien Satisfaktion zu verschaffen[2]). Eine Zusage in letzterer Beziehung scheint schon wegen des herrschenden Geldmangels nicht gemacht worden zu sein, dagegen wurde am Pachtschilling ein Nachlass von 3000 fl. in Aussicht gestellt und später auch trotz der dagegen vorgebrachten „Diffikultäten" bewilligt[3]). Im August war die Sache schon so weit gediehen, dass ein Mandat[4]) verkündete, der Kurfürst habe das Tabakwerk (wie es ohnedem gleich anfangs bei dessen Introduzierung keine andere Meinung gehabt) im Interesse des Publikums und zur besseren Bestreitung der landesherrschaftlichen Bürden und Auslagen wieder an sich genommen. Als Anfangstermin der staatlichen Geschäftsführung wurde der erste Oktober bestimmt, alle Generalien, die in diesem Betreff seit 1679 erlassen, insbesondere das Generalmandat vom 18. Februar 1715 wurden wieder in Erinnerung gebracht. Der Tabakverschleiss wurde nun wieder durch eine aus der Hofkammer genommene Tabakkommission geleitet. Aber es stellte sich nur zu bald heraus, dass durch den Staatsbetrieb die erhofften Summen aus dem Tabak nicht erzielt werden könnten. Der Tabak war schon zu teuer, als dass sich die Schwärzereien

---

[1]) Laut Antwortschreibens der Apaltatoren vom 20. Juli 1715. G.A.
[2]) Ebenda.
[3]) G.A. Resolution vom 2. Oktober 1715 und Resolution vom 1. Februar 1717.
[4]) G.A. Generalmandat vom 7. August 1715. M.St.B. VIII. 58.

hätten verdrängen lassen. Die Tabakkommission selbst war es nun, welche dem Kurfürsten riet, sich aus dem Tabak auf eine andere Weise einen Gewinn zu sichern [1]).

IV.
Freigabe des Tabakhandels und Einführung eines Herdstättgeldes.

Die Tabakkommission war der Ansicht, dass durch Einführung eines Tabakaufschlages am leichtesten eine angemessene Summe aus dem Tabak gewonnen werden könnte. Sie rechnet dem Kurfürsten vor, dass vom Jahre 1692 bis 1706 jährlich 7165 Ztr. Tabak verbraucht und durchschnittlich 26,650 fl. profitiert worden seien. Würde man vom Zentner 8 fl. Aufschlag, vom Brasil 20 fl. Aufschlag nehmen, so würde sich eine Summe von 75,325 fl. ergeben, wenn der Verbrauch der gleiche bliebe. Da jedoch sicherlich 4000 Ztr. im Jahr mehr verschleisst würden, so würde der Tabak 107,325 fl. abwerfen und trotzdem das Gut wohlfeiler werden. Dass solche Aussichten den Plan, das staatliche Apaldo aufzuheben, sehr empfehlenswert erscheinen liessen, versteht sich von selbst. Am 23. Dezember 1715 geschah der erste Schritt in dieser Richtung. Es wurde nämlich an die Städte München und Landshut und an die vier Rentämter ein Erlass[2]) aufgesetzt des Inhalts, dass in Erwägung gekommen sei, ob für das kurfürstliche Interesse die Fortsetzung des bisherigen Tabakapaldos oder das freie Kommerzium unter Einführung eines billigen und thunlichen Grenzaufschlages erträglicher wäre. Es wurde angeordnet, ohne Zeitverlust bei den besseren Handelsleuten anzufragen, welche derselben nach aufgehobenem Apaldo sich hauptsächlich mit Tabak in grosso befassen würden, wie viel ungefähr in den verschiedenen Sorten jährlich zu verschleissen wäre und ob bei freiem Kommerzium 15—20 fl. Aufschlag auf den Brasil und 6—8 fl. Aufschlag auf den übrigen Tabak gelegt werden könnten. Es sei dies zu wissen nötig, weil in dem Fall, dass der Aufschlag weniger ausmachen würde als der Apaldo, letzteren aufzuheben man nicht gemeint wäre. Bevor dieser Erlass an seine Adressen geleitet wurde, änderte man ihn noch in der Weise ab[3]), dass auf den Brasil nur 12—15 fl. Aufschlag ins Auge gefasst wurden.

Schon am 22. Januar 1716 schickte die Zunft der Handelsleute und Krämer in München ihren Bericht[4]) ein. Sie bekunden vor allem, dass sie durch den Tabakapaldo schon jahrelang drangsaliert werden, weil sie sehr schlechten Tabak bekommen und derselbe zu teuer sei, die Apaltatoren auch in minuto verkaufen und ihnen auf diese Weise das Brot wegnehmen. Wenn dieser landesverderbliche Apaldo aufgehoben würde, so könnten sie, wenn auch nicht gleich im ersten Jahre, so doch bald, jährlich 10,000 Ztr. im Lande verschleissen. München allein habe früher 3000 Ztr. gebraucht, während jetzt nur mehr 300 Ztr. an den Mann zu bringen seien. Was den beabsichtigten Aufschlag

---

[1]) Dieselbe wurde aufgefordert, eine Spezifikation über den verschleissten Tabak von 1692—1706 und über die dabei gewonnenen Summen einzureichen. G.A.

[2]) G.A. Kurfürstlicher Erlass an die Städte München und Landshut und an die vier Rentämter vom 23. Dezember 1715.

[3]) G.A. Derselbe Erlass, datiert 7. Januar 1716.

[4]) G.A. Bericht der Handelsleute und Krämer in München vom 22. Januar 1716.

betreffe, so sei derselbe zu hoch; ein Aufschlag von 3—4 fl. auf den Zentner würde dem Kurfürsten ohne Unkosten jährlich 30,000 fl. einbringen, welche Summe jetzt trotz der teuren Preise und der schlechten Ware bei weitem nicht erreicht werde.

Am 24. Februar übersandte das Rentamt Burghausen die bei ihm eingelaufenen Berichte [1]). Der Bürgermeister und Rat von Burghausen hatte sich nach Vernehmung der Handelsleute dahin geäussert, dass ein Aufschlag von 3 fl. für den gemeinen Tabak, von 6 fl. für den Brasil dem Kurfürsten 150,000 fl. eintragen würde, ohne dass demselben Kosten erwüchsen. Auch die aus den anderen Orten des Rentamtes Burghausen eingegangenen Berichte finden den beabsichtigten Aufschlag durchweg zu hoch; ihre Vorschläge bewegen sich zwischen 2 und 4 fl. für den gemeinen Tabak und zwischen 5 und 10 fl. für den Brasil. Ueber den eventuellen Verschleiss sprachen sie sich sehr rückhaltig und vorsichtig aus.

Die oberpfälzischen Gutachten wurden von der Regierung von Amberg am 3. März eingesandt [2]). Dieselben reden durchgehends einer Herabsetzung des Aufschlages das Wort und zwar wollen sie noch geringere Beträge angesetzt wissen als die Burghauser (von 1—4 fl. bezw. 4—8 fl.). In den oberpfälzischen Berichten tritt auch der aus dem Pfalz-Neuburgischen entlehnte Gedanke auf, dem Konsumenten eine persönliche Steuer aufzulegen. Die Vorschläge bezüglich der Höhe einer solchen Abgabe bewegen sich zwischen 3 und 15 kr. für den Raucher, der Schnupfer soll etwas weniger bezahlen.

Die am 9. März von Landshut eingelaufenen Berichte [3]) wollen grösstenteils einen sehr niederen Aufschlag befürworten, nur einige wenige wollten einen die Regierungsvorschläge annähernd erreichenden Aufschlag sich gefallen lassen.

Am 12. März endlich langten die Berichte von Straubing an [4]), in welchen teils ein niederer Aufschlag, teils die Besteuerung des rauchenden und schnupfenden Publikums, teils eine Belastung der Tabakhändler und teils die Verpachtung des Tabakwesens an letztere empfohlen wurde. Die Regierung betont nachdrücklichst, es solle der dem Land und Kameral schädliche Apaldo abgeschafft werden; bei 3—4 bezw. 6—8 fl. Aufschlag würde der Tabak billiger und der Verschleiss grösser, so dass man auf eine Einnahme von 80—100,000 fl. hoffen könnte. Ferner will die Regierung, dass auch das Transitgut mit einem Aufschlag belegt werde, wenn dies, ohne Repressalien befürchten zu müssen, geschehen könne. Durch die Taxierung der Tabaktrinker könnte nach der Auffassung der Regierung allerdings auch eine konsiderable Summe erlangt werden, aber gegen diese Art der Besteuerung müssten Bedenken rechtlicher Natur erhoben werden. Aus allen diesen Einläufen ergibt sich, wie man sieht, eine festgewurzelte Abneigung gegen den monopolistischen Staatsbetrieb des Tabakhandels. Nur einige von der Regierung abhängige Pfleger wünschen die Beibehaltung des Apaldos oder befürworten den von der Regierung ins Auge gefassten hohen Aufschlag. Von einigen obskuren Winkeln enthielten die Berichte die Erklärung, dass man sich um die Sache zu wenig kümmere oder dass zur Beantwortung der von der höchsten Stelle ausgegangenen Fragen die Sachkenntnis fehle.

---

[1]) G.A. Bericht des Rentamtes Burghausen mit Beilagen vom 24. Februar 1716.
[2]) G.A. Bericht der Regierung von Amberg mit Beilagen vom 3. März 1716.
[3]) G.A. Bericht der Regierung von Landshut mit Beilagen vom 9. März 1716.
[4]) G.A Bericht der Regierung von Straubing mit Beilagen vom 12. März 1716.

Das ganze Material wurde nun am 10. April an die Hofkammer geleitet, damit „man das eine und andere in reifliche Deliberation ziehe, mit der Tabakkommission sich notdürftig verständige und ein förderliches Gutachten abgebe, ob der Apaldo abzuthun und das freie Kommerzium mit Anlegung eines Aufschlages einzuführen sei". In dem Begleitschreiben[1]) an die Hofkammer ist besonders betont, dass über die Berechtigung des Apaldos kein Zweifel bestehe, da das Gut keineswegs de necessitate, sondern nach früheren Generalien de genere prohibitorum sei. Da aber aus dem Schwärzen wirklich viele Ungelegenheiten sich ergeben, das Gut öfter schlecht und zu teuer sei, so stehe der Abschaffung des Apaldos nichts im Wege, wenn das freie Kommerzium den wenn auch in den letzten Kriegszeiten nicht mehr erreichten, aber doch früher eingegangenen Betrag von 50,000 fl. abwerfe. Von den eingelaufenen Gutachten möge die Hofkammer besonders die Relation von der Regierung von Straubing in Konsideration ziehen. Da alle Gutachten, welche beim freien Kommerzium einen höheren Betrag prophezeien, von dem Suppositum eines viel grösseren Verschleisses ausgehen, so möchte die Hofkammer dieses Suppositum auf seine Richtigkeit und Wahrscheinlichkeit prüfen, sowie über die Höhe eines allenfallsigen Aufschlages mit dem Tabakkommissär sich ins Benehmen setzen. Besonders soll auch das Projekt einer Anlage der Kaufleute und Krämer in Betracht gezogen werden, denn wenn auf diese Weise der erhoffte Ertrag erreicht werden könnte, so wäre dies wohl der sicherste und leichteste Weg. Endlich wurde der Hofkammer der Auftrag, sich darüber auszusprechen, ob es thunlich wäre, auf das Transitgut über die gewöhnliche Maut noch eine Gebühr zu schlagen und wie es in diesem Falle mit dem im Inland erbauten Tabak zu halten wäre.

Ausser der Hofkammer sollte sich auch der Hofrat mit der Sache befassen; derselbe erhielt am 5. Mai die Weisung[2]), sich mit der Hofkammer, sobald diese mit dem Tabakkommissarius sich notdürftig werde verstanden haben, conferencialiter zusammenzuthun und über die der Hofkammer vorgelegten Fragen ein Gutachten auszuarbeiten[3]). In der kurfürstlichen Kanzlei wartete

---

[1]) G.A. Schreiben des Kurfürsten an die Hofkammer vom 10. April 1716.
[2]) G.A. Schreiben des Kurfürsten an den Hofrat vom 5. Mai 1716.
[3]) Während der Verhandlungen über die Freigabe des Tabakhandels reichte der Leinwandaufschlageinnehmer Matthias Dallinger aus Mattighofen am 23. Januar 1716 einen „Unterthänigsten Vorschlag, wie vom Tabak jährlich 80,000—90,000 fl. als gewisse Einkunft ohne mindeste Beschwer könnten gewonnen werden", ein, in welchem er jeden Krämer und Fragner gegen freies Kommerzium mit 10, 15, 20—30 fl. Aufschlag belegt wissen wollte. Er nimmt bei 5000 Dörfern 6000 Krämer an, welche mit nur je 15 fl. belastet, 90,000 fl. zu zahlen hätten. In einem neuerlichen „Unterthänigsten, unmassgeblichen Vorschlag vom 15. Februar 1716" rät er zu einem Tabakaufschlag von 5—6 fl. pro Zentner, zu dessen Einhebung ein dazu taugliches Subjekt in München aufgestellt werden sollte. Dass er bei der Auswahl dieses Subjekts auf seine Person besonders Rücksicht zu nehmen bittet, zeigt, dass es ihm nicht allein um die Erzielung eines guten Ertragnisses aus dem Tabak zu thun war. — Ausser Dallinger hatten sich der bischöflich Strassburgsche Generaleinnehmer Boudard und Konsorten wegen Uebernahme des Tabakhandels an den Kurfürsten gewendet. Sie erklärten sich bereit, alle bayrischen Lande mit dem besten hanauischen und allerhand spanischem und holländischem Tabak zu versehen unter denselben Bedingungen, wie sie zwischen dem Kurfürsten von Mainz und dem Konsortium unterm 8. April 1715 festgesetzt worden. Boudard will nach denselben in München ein Generalmagazin und Kontor aufrichten und an alle Orte Tabak von der als Muster beigelegten

man mit Ungeduld auf die Rückäusserung der Hofkammer und des Hofrates. Schon am 12. Juni gelangte an die Hofkammer die Mahnung, sie möchte sich „die Beförderung des Gutachtens in puncto des Tabakapaldos oder Einführung des freien Kommerziums bestens angelegen sein lassen". Nach 2 weiteren noch dringenderen Monitorien sandte endlich am 25. September die Hofkammer einen Interimsbericht [1]) ein, worin sie anzeigt, dass die Verzögerung daher komme, weil der Hofrat sich nicht vernehmen lasse. Erst am 24. November konnte letzterer zu einer Konferenz mit der Hofkammer gebracht werden. Da nun in dieser und in einigen weiteren Konferenzen eine Verständigung nicht erzielt werden konnte, so schickten die beiden Kollegien, nachdem sie den am 6. Januar 1717 bei Vermeidung anderer Ahndung gestellten achttägigen Einlaufstermin wieder hatten verstreichen lassen, endlich am 2. März 1717 eine in pleno consilio festgestellte Relatio extraordinaria ein [2]), auf welche sie sich verglichen hatten. Einig waren sie darin, dass der Apaldo wegen der starken Belästigungen des Volkes, wegen der ums Doppelte zu hohen Preise, der immerwährenden feindlichen Einfällen gleichenden Visitationen, der Aussuchungen, Anklagen und anderer Mutwilligkeit von seiten der Ueberreiter unbedenklich durch ein „anderes dienliches Surrogat" ersetzt werden solle. Als solches wurde von seiten der Hofkammer vorgeschlagen, dass 1. jeglicher Hof nach dem gewöhnlichen Steuerfuss oder 2. jede Herdstätte mit jährlich ungefähr 12—15 kr. herangezogen werde. Die Relatio führt nun aus, dass diese zwei Wege allerdings den gewünschten Ertrag liefern würden, aber es scheine doch sehr zweifelhaft, ob sie nach Recht und Billigkeit zulässig seien. Die Berechtigung des Apaldos werde immer damit begründet, dass der Tabak nicht de necessitate, sondern de genere prohibitorum sei und daher diejenigen, welche sich dieses Gutes bedienen, mit Fug und Recht beschwert werden. Bei dem vorgeschlagenen Wege würden aber gegen alle Rechtsgrundsätze Tausende von Personen, die sich des Tabaks gänzlich enthalten, mit einer Auflage belegt. Wenn die Hofkammer einwende, dass ja auch alle Unterthanen unter den Bedrängnissen der Ueberreiter leiden müssen, welche durch die Abgabe aufhören sollen, so wolle es doch bedenklich erscheinen, einem unschuldigen Unterthanen neue Bürden zuzumuten, um dasjenige abzulösen, was derselbe von den Ueberreitern gegen alle Intention, Meinung und Billigkeit bisher habe ertragen müssen. Bei so zweifelhaften Umständen würde ein weiteres consilium theologicum zu erholen, wenigstens ratsam, wenn nicht gar notwendig sein.

Das dritte Projekt, die Belegung der gesamten im Lande befindlichen

---

Qualität hinschaffen. Der Preis solle niedriger und durch einen Tarif festgestellt werden. Der Vertrag solle 12 Jahre Gültigkeit haben, und während dieser Zeit der Tabakverschleiss jedermann bei Konfiskation und 1000 fl. Strafe verboten sein. Endlich bemühte sich Senser, in Tabaksachen wieder zu Einfluss zu kommen. Am 10. Juli 1716 warnt er den Kurfürsten vor den eingegangenen Berichten und Vorschlägen, die ohne Fundament und nur aus Passion und Eigennutz entstanden seien. Lasse man ihn das Werk wieder in den rechten Stand setzen, so werde der Kurfürst perpetuierlich wenigstens 100,000 fl. aus dem Werke ziehen und 20,000 Seelen ernähren können. Desgleichen bittet er am 12. Oktober 1716, ihn als Praktiker über alle eingelaufenen Projekte in einer Konferenz der Hof- und Kammerräte zu hören.

[1]) G.A. Interimsbericht der Hofkammer an den Kurfürsten vom 25. September 1716.
[2]) G.A. Relatio extraordinaria, die Veränderung des jetztmaligen Tabakapaldos, dann anderes betreffend vom 2. März 1717.

Krämer, könnte, fährt die Relation fort, wohl als berechtigt dargestellt werden, indem dadurch finaliter alle Lasten auf das verbotene und unnötige Gut oder vielmehr auf die dessen sich bedienenden Unterthanen fallen würden. Aber auf diesem Wege würde nach den eingelaufenen Berichten kaum ein hinlänglicher Betrag anfallen, und es würde daher nur ein dermalen gewisses Erträgnis mit einem zu erhoffenden ungewissen vertauscht.

Den vierten Weg anlangend, die Tabakraucher und Schnupfer zu belegen, so liesse sich sowohl der Berechtigung als des Erträgnisses halber nichts dagegen sagen, aber da es in ipsa executione ohne grosse Konfusionen und laut löblicher Hofkammer Erinnerung ohne Betrügereien nicht abginge, so solle man es auch damit bewenden und beruhen lassen. Die Relation weist in Rücksicht aller dieser Beschwerlichkeiten auf den noch übrigen besten Weg hin, einen zulänglichen, jedoch unnachteiligen Aufschlag auf das Gut selbst zu legen; ein solcher sei das billigste und erträglichste Surrogat. Die Berechtigung dieses Weges ergebe sich, wie die des Apaldos aus der Nutzlosigkeit des Gutes und aus dem Umstande, dass ein Aufschlag von denen zu tragen sei, welche sich freiwillig des Gutes bedienen. Die Erträglichkeit lasse sich aus der einstimmig aus den Berichten hervorgehenden Behauptung, dass bei freiem Kommerzium statt der bisherigen 6000 Ztr. 12,000 Ztr. verschleisst werden, leicht darthun. Was die Frage anlange, wie viel von jedem Zentner ohne Schädigung des Verschleisses genommen werden könnte, so führe der Umstand, dass in den Berichten 3—4, 5—6, item 7—8 fl. vorgeschlagen werden, dazu, das Tabakgut, wie es bei der Krämerschaft selbst gebräuchlich sei, in 3 Klassen einzuteilen und das feine mit 8 fl., das mittlere mit 5 fl., das gewöhnliche mit 3 fl. zu belegen. Rechne man auf den Verkauf von 2000 Ztr. Brasil, 4000 Ztr. Mittelgut und 6000 Ztr. Ordinärgut, so müsse, ohne dass man etwas von dem Schnupftabak oder den Pfeifen erhole, unfehlbar eine Summe von 54,000 fl. eingehen. Bei der grösseren Billigkeit des Tabaks werde die Schwärzerei aufhören, so dass bei der gehörigen Bestrafung derselben die Amtsleute allein ohne Ueberreiter zu deren Unterdrückung ausreichen. Die Erzeugung eines billigen inländischen Tabaks könnte durch Verleihung von Privilegien an vermögliche Fabrikanten und Grossiers gefördert werden. Endlich dürfe wegen verschiedener Verträge und möglicher Repressalien das wirklich ausser Landes gehende Transitgut schwerlich belastet werden, dagegen müssen wegen des Transitgutes, welches in die Gebiete der innerhalb des Landes sich befindlichen Herrschaften gehöre, mit den betreffenden Territorien Abmachungen angebahnt werden, wie dies schon bei dem Senserschen Werk geschehen sei.

Mit den Vorschlägen dieser Relatio extraordinaria war nun freilich nicht viel anzufangen; die Besteuerung des Tabaks nach der aufgestellten Skala hätte eine wirksame Kontrolle äusserst kompliziert machen müssen. Die Kontrebanden hätten durch die ewigen Schereien sicherlich nur zugenommen. Vielleicht hatte man auch in den Regierungskreisen noch eine Erinnerung an das kläglich Erträgnis des in früherer Zeit eingeführten Aufschlages. Man wollte daher doch lieber auf das Sichere, nämlich auf das von der Hofkammer befürwortete Herdstättgeld von 12 kr. eingehen, umsomehr, als ja auch die Bedenken des Hofrates durch ein zustimmendes consilium theologicum leicht zu verscheuchen waren. Ein solches von der heiligen Theologie zu erlangen, hat man sicher am kurfürstlichen Hof nicht für schwer gehalten. Es wurden nun die Franziskaner, Minoriten und Augustiner zu einem Gutachten[1]) aufgefordert. Um die heilige Theologie zu einem zustimmenden Votum zu bringen, wurden nun die Uebel und Schäden des Apaldos nicht nur zugegeben, sondern noch übertrieben[2]). Der Apaldo sei das grössere Uebel, als ein Herdstättgeld, führte das Regierungsschreiben selbst aus, weil die Ueberreiter allerlei falsche Praktiken machen, die Leute durch selbst unterschobenen Tabak in Strafe bringen, ja Mord und Totschlag verursachen. Neben diesen vernichtenden Anschuldigungen gegen den unter kurfürstlicher Autorität stehenden Apaldo wurden die verlockendsten Vorteile der in Aussicht genommenen Massregel dargelegt. Der Tabak, hiess es, werde um $^2/_3$ billiger, dazu auch besser, die Plackereien der Ueberreiter hören auf, jeder Raucher profitiere und die Nichtraucher müssen sich halt billigerweise der Majorität fügen, den Krämern und Handelsleuten werde geholfen. Endlich wurde auf die Unabweisbarkeit der neuen Massregel hingewiesen; der Landesherr könne auf eine Einnahme nicht verzichten, da die vorausgegangenen Kriegszeiten das Aerar so geschwächt hätten und der kurfürstliche Hof durch so zahlreiche von Gott gegebene Succession augmentiert und daher zu grösserem Aufwande gezwungen sei. Die aus der neuen Einrichtung fliessenden Summen werden, weil sie ex publico kommen, zu Besoldungen von Räten und Bedienten und Zinszahlungen, mit welchen man ohnedem im Rückstande sei, verwendet werden. Man hatte die Sache zu drängend gemacht, als dass die Theologen hätten lange auf ihre zustimmenden Erklärungen können warten lassen[3]).

Während Hofkammer und Hofrat über diese Angelegenheit fast ein ganzes Jahr brüteten, ohne zu einem einheitlichen und klaren Ziel zu kommen, waren drei zustimmende Gutachten der Theologen in etlichen Tagen zu erlangen gewesen. Nun ging es rasch vorwärts mit den neuen Plänen. Am 18. März wurde der Hofkammer durch ein Dekret[4]) mitgeteilt, dass der Apaldo gänzlich aufgehoben, das freie Kommerz eingeführt und als Surrogat von jedem Hausvater oder jeder Feuerstätte 12 kr. in 2 Terminen gefordert werden sollen. In den Motiven an die Hofkammer sind nicht mehr, wie in dem Schreiben an die Theologen, der hohe Preis des Tabaks und die Unzuträglichkeiten bei der Visitation, sondern vielmehr der geringe Ertrag seit des Kurfürsten Rückkehr als ausschlaggebend hingestellt. Nach Erläuterung der Gründe, welche die Einführung eines Aufschlages nicht ratsam erscheinen liessen, und nach der Berufung auf

---

[1]) . . . . . super quaestionem, an Princeps appaldo Nicotiano sublato, in hujus locum praedictam levem collectam subditis illaesa conscientia indicere et subrogare queat. G.A. Dem geistlichen Gutachten vorausgehende Casus und Praepositio (ohne Datum).

[2]) G.A. Die dem geistlichen Gutachten vorausgehenden Rationes camerales et juridicae (ohne Datum).

[3]) Der Franziskaner Provinzial P. Sigm. Neudecker kommt über die Herdstättanlage zur Ansicht: eam pro sublevandis publicis necessitatibus in praesenti projecto expressis licite fieri posse. Der Minoritenpater Thom. Pruggmaier schreibt: Revisis et ponderatis in hoc projecto motivis omnino licere judico, quod Princeps possit subditis indicere proportionatam collectam pecuniariam . . . . Die Augustiner führen eine Summe von Autoritäten auf, dass der Fürst Steuern einführen dürfe, wenn eine necessitas und causa justa vorhanden sei; solche seien aber in diesem Falle gegeben, weshalb man nach göttlichem, menschlichem und natürlichem Recht die Herdstättanlage illaesa conscientia einführen dürfe. G.A.

[4]) G.A. Dekret an die kurfürstliche Hofkammer vom 18. März 1717.

die Zustimmung der Theologen wird die sofortige Hinausgabe der Generalien mit dem Bemerken befohlen, dass für das laufende Jahr die Beträge an Pfingsten und Micheli, für die spätere Zeit an Georgi und Micheli zu beheben seien. Wegen der Tabakbeamten, Faktoren und Ueberreiter habe die Hofkammer mit dem Tabakamt ins Benehmen zu treten und ein Gutachten einzuschicken. Noch in letzter Stunde, nämlich am 22. März[1]), kam zu dem vorstehenden Dekret ein Nachtrag, dahin gehend, man möge bei der Ausschreibung 15 kr. statt 12 kr. Herdstättgeld ansetzen, da das Gefäll „pro fundo der besoldnuss determinieret" und das Ergebnis sonst nicht erklecklich wäre. Am nächsten Tag, den 23. März 1717 erschien, nachdem die Landschaft vorher verständigt worden, das Generalmandat[2]) über die Freigabe des Tabakhandels und die Einführung der Abgabe für Feuerstätten mit der Motivierung, dass die beim Tabakapaldo fast unaufhörlich unterlaufenen sehr grossen Beschwerlichkeiten, ferner die durch die exzessiven Ueberreitervisitationen veranlassten „Insolenzien" zur Aufhebung des Apaldos den Anlass gegeben haben. Für den dem Aerario camerali bisher vom Apaldo zugeflossenen Avanzo habe jeder Hausvater für seine Feuerstatt pro surrogato jährlich in 2 Zielern 15 kr. zu bezahlen. Von dieser Steuer sollen nicht die Geistlichen, nicht die Minister, Räte und Hofbediente frei sein, da es kein neues onus, sondern nur ein Ersatz für den allen lästigen Tabakapaldo sei. Die Bestimmungen, wer abgabepflichtig sein soll, waren ziemlich rigoros. „Unter Hausvater sollten nicht allein die verstanden sein, welche eine separierte Feuerstatt geniessen, sondern auch die bei selbigen in Herbergen sitzen oder solche, die auf gemeinem Herd mit andern kochen oder Kost nehmen, ohne dass sie von der Familie sind, so dass also unter Familie nur der Hausvater mit Weib und Kind und Ehehalten verstanden ist." Von den Beamten wird die gerechte Einbringung der Gelder erhofft, damit man nicht zu andern Kompellierungsmitteln zu greifen Ursache habe. Dem Mandat war eine Instruktion beigefügt, welche über die Aufnahme der Pflichtigen und über die strikte Einhebung der Beträge die geeigneten Bestimmungen enthielt.

Sofort ward nun an die „Beschreibung" der einzelnen Häuser und Herdstätten gegangen. Es ergaben sich zwar anfangs manche Schwierigkeiten, da laut Signats vom 17. August[3]) von den Stiftern, Klöstern, Hofmarken, Städten und Märkten ungeachtet verschiedenen Stimulierens die verlangten Häuserbeschreibungen und die schuldigen Gelder nur schwer hereinzubringen waren. Doch bald machte sich die Sache besser; das Herdstättgeld betrug schon im zweiten Jahr die beträchtliche Summe von 60,000 fl.[4]). Da für ehemalige Tabakbeamte und an Einhebungskosten von dieser Summe nur wenig abging[5]) und die An-

---

[1]) G.A. Dekret an die kurfürstliche Hofkammer vom 22. März 1717.
[2]) M.St.B. VIII. 73.
[3]) G.A. Kurfürstliches Signat an die Hofkammer vom 17. August 1717.
[4]) Es müssen daher 240,000 Herdstätten zur Bezahlung der Anlage herangezogen worden sein. Rechnet man auf eine Herdstätte 4 Personen, so ergeben sich für das damalige kurfürstliche Gebiet 960,000 Einwohner. Ich denke, dass zwischen dieser Berechnung und der Annahme in Anm. 4, S. 8, die Bewohnerzahl Ober- und Niederbayerns betreffend, kein Widerspruch besteht.
[5]) Laut Dekrets vom 9. April 1718 wurde den äusseren Behörden für die Einkassierung des Geldes vom Gulden ein Kreuzer zugebilligt: zwei Beamten, welche die Häuserbeschreibungen

sprüche [1]), welche die ehemaligen Tabaklieferanten Geiger und Wernberger an die Tabakerträgnisse machten, zurückgewiesen wurden, so floss der Beamtenbesoldungskasse ein nicht zu unterschätzender Beitrag zu.

Es stund nicht lange an, so wurde die Herdstättanlage durch einen Federstrich verdoppelt. Es hing diese Massregel damit zusammen, dass man für das vom Kanzler Unertl, dem Hofkammerdirektor Scharfsed und dem P. Sigmund Neudecker entworfene Schuldenablösungswerk [2]) weitere Mittel gewinnen wollte. Es ward daher bestimmt, dass jede Herdstätt jährlich 30 kr. zu leisten habe und dass der Ertrag zur Hälfte dem Kameralstatus, zur Hälfte dem Schuldenablösungswerk überwiesen werde. Auf diese Weise flossen in jede der beiden Kassen jährlich über 60,000 fl.[3]).

So hatte man also endlich aus dem Tabak einen anerkennenswerten Ertrag zu ziehen gewusst. Wenn auch bei der freien Handlung die in Aussicht gestellten Vorteile in bezug auf Preis und Güte des Tabaks auf sich warten liessen, so war man mit der neuen Einrichtung doch leidlich zufrieden, weil nur einmal der Apaldo abgeschafft war. Aber es bedurfte nur eines kurzen Zeitraums und in Regierungskreisen war man zu der Erkenntnis gelangt, dass man ja das Herdstättgeld beibehalten und trotz desselben den Tabakverkauf monopolisieren könnte. Eine Darstellung der Tabakverhältnisse dieser Zeit liegt jedoch ausserhalb des Rahmens dieser Arbeit.

V.
Schlussergebnisse. — Würdigung Joh. Sensers.

Wenn man den ganzen Verlauf der Tabakangelegenheiten überblickt, so zeigen sich folgende Thatsachen:

dass die härtesten Polizeimassregeln sich ohnmächtig erweisen, wo sich ein neues, der grossen Menge zusagendes Genussmittel Bahn brechen will;

dass die Besteuerung eines nur von einem Teil der Bevölkerung gebrauchten Luxusartikels einer Regierung grössere Schwierigkeiten macht und mehr zur Steuerhinterziehung reizt, als dies bei den allgemein gebräuchlichen Konsumartikeln der Fall ist;

---

zu revidieren hatten, wurden 100 fl. angewiesen, die früher beim Tabakwesen deputierten Hofkammerräte, das Hofkammerdirektorium und der Hofkammersekretär bezogen ihre Gehaltszulagen in derselben Weise fort, wie sie dieselben unter dem staatlichen Apaldo bezogen hatten. G.A.

[1]) Wernberger und Kompanie verlangen aus der Herdstättanlage 53,896 fl.; sie begründen ihr Guthaben damit, dass sie 1698 zur Prosequierung des Tabakapaldos 22,000 fl. hergeschossen haben; da sie aus dieser Summe den versprochenen Zins nicht bekommen, so belaufe sich dieser auf 20,000 fl., der Rest stamme aus Darlehen, welche sie in den letzten Jahren an die Tabakunternehmer verabfolgt haben. Aus den in dieser Sache von 1717—1727 gewechselten Prozessschriften ergibt sich, dass Wernberger und Kompanie vergeblich auf die Bezahlung der behaupteten Schuld drangen. Dagegen wurden an die verwitwete Gräfin von Fugger laut Geheimen Rats Resolution vom 28. Februar 1722 für gelieferten Tabak aus dem Herdstättgeld 1351 fl. bezahlt.

[2]) Vgl. Hoffmann, Ludw., a. a. O. S. 128.

[3]) Im Jahre 1724 betrug die Herdstättanlage 120,000 fl., im Jahre 1727 124,000 fl. Vgl. Hoffmann a. a. O. S. 133.

dass die Verpachtung einzelner Geschäftszweige, hier des Tabakhandels, bei mangelhafter Kontrolle zum Ruin des Unternehmers, bei wirksamem und energischem Schutz des Pächters zur Belästigung der Geschäftswelt und des Gesamtpublikums, und dadurch zu staatsschädlichen Zwistigkeiten und Unannehmlichkeiten führt;

dass die Verstaatlichung des Tabakhandels dieselbe Opposition fand, wie die Verpachtung an Private, und dass auch bei ersterer Veranstaltung die Verhältnisse der Zeit der Erzielung eines ansehnlichen Gewinnes hinderlich waren.

Nachdem ich im dritten Punkt den Misserfolg des Prinzips der privilegierten Handlungen, im vierten Punkt den Misserfolg des Prinzips des Staatsbetriebes konstatierte, so führt mich dies von selbst zur Betrachtung der Thätigkeit desjenigen Mannes, welcher als der eifrigste und entschiedenste Vertreter der „neuen Inventionen", als Tabakpächter und Leiter des Monopoles in der ganzen Tabakangelegenheit die bedeutendste Rolle spielte, ich meine Johann Senser. Aus dem Vorausgehenden wird man ersehen haben, dass dieser Mann, aus beschränkten Verhältnissen hervorgegangen, in seiner Zeit eine umfassende Thätigkeit entfaltete, zu Ehren und Vermögen gelangte, bis in die höchsten Kreise Einfluss und Ansehen gewann, endlich aber wieder von seiner Höhe herabstürzte und tiefgebeugt mit Schulden und dem Makel eines unehrlichen Namens beladen von dem Schauplatz abtrat. Es ist der unrühmliche Ausgang von Sensers Thätigkeit jedenfalls Mitschuld, dass von diesem Manne mit seinem vielbewegten und arbeitsreichen Leben kaum hie und da der Name gehört wird. Wenn ich darin recht habe, dass Senser diese fast vollständige Vergessenheit weniger als mancher andere Sohn seiner Zeit verdient hat, so wird man eine kurze Würdigung dieses Mannes nicht unangebracht finden.

Johann Senser, des Innern Rat und Handelsmann in Schrobenhausen, stammte aus dem böhmischen Städtchen Beneschau, wo sein Vater Thomas Senser eine angesehene Stellung als Senator einnahm. Ueber Sensers Jugend ist nichts bekannt, ebensowenig wissen wir, wann er sich in Schrobenhausen niederliess. So viel ist sicher, dass es ihm in seiner neuen Heimat bald gelang, Ansehen und Einfluss zu gewinnen. Am 12. Mai 1669 führte er die Witwe des Bürgermeisters Winhardt, geb. Oefele, zum Altar[1]), durch welche Ehe er sich wohl den Weg in den Innern Rat der Stadt ebnete. Ob die von ihm wiederholt erwähnten 9 Kinder zum Teil angeheiratet waren, oder nicht, lässt sich nicht feststellen. Dass seine Vermögensverhältnisse anfänglich nicht besonders günstig waren, sich dann aber überraschend schnell besserten, um später wieder zu zerfallen, haben wir schon früher gehört, ebenso wissen wir, dass er im Jahre 1691

---

[1]) In den Zivilstandsbüchern der Pfarrei Schrobenhausen findet sich in der Trauungsmatrikel unterm 12. Mai 1669 eingetragen: Nuptias celebravit ornatus D. Johannes Sennser, Mercator, consultissimi D. Thomae Sennser, oppidi Beneschau in Bohemia siti, Senatoris ect. et Helenae p. m. uxoris leg. fil. cum honestissima Vidua D. Anna Maria Winhardtin ect. (geb. Oefele, Bräuerstochter von hier, Witwe des Bürgermeisters Joh. Winhardt). Ich verdanke diese Mitteilung dem H. Benefiziaten Thalhofer von Schrobenhausen, welcher auch konstatierte, dass man in Schrobenhausen weiteres Material über Senser nicht finden könne, als dass er 1680 ein Grundstück an die Gemeinde zur Erweiterung des Frithofes abgetreten und 1684 eine Litanei gestiftet habe.

zum Hofkammerrat ernannt wurde und später seinen Wohnsitz nach München verlegte. Sein Tod fällt in den Monat Februar oder März des Jahres 1718[1]).

Wenn man Senser nur nach dem taxieren würde, was seine Gegner über ihn aussagen, so würde man zu einem sehr ungünstigen Urteile über ihn kommen müssen. Denn nicht gering ist das Sündenregister, welches ihm vorgehalten wird. Abgesehen von den zunächst interessierten Kaufleuten, welche seinen Manipulationen und seiner Thätigkeit ein wenig ehrenvolles Zeugnis ausstellen, wird er auch von amtlichen Organen auf das gröblichste getadelt, angeschuldigt und verletzt. Giggenbach behauptet, dass er mit Betrug und Partiterei angefüllt sei; Lindthammer wirft ihm vor, kulpös und fraudulenter gehandelt zu haben; Jonner sagt, dass er wie die Katze am Schmer sitze. Die Landschaft heisst ihn einen schleichenden Patron, die Regierung von Burghausen einen verdorbenen Krämer, der sich durch unerlaubte Praktiken bereichert habe. Die Tabakuntersuchungskommission nennt ihn einen sträflichen Kalumnianten, einen eigennützigen, pflichtvergessenen Bedienten, beschuldigt ihn der Ehrlosigkeit, des Meineides und der Infamie. Vergleicht man mit diesen Verunglimpfungen, welche Senser als persönliches und wirtschaftliches Scheusal darstellen, die von Senser thatsächlich behauptete Stellung, das Vertrauen, welches ihm lange Zeit von höchsten und hohen Persönlichkeiten entgegengebracht wurde, den Einfluss, den er auf seine Umgebung auszuüben wusste, so muss man der oben erwähnten abfälligen Beurteilung seiner Person und Handlungsweise gegenüber doch stutzig werden. Schon die vielen zu seinen Gunsten erlassenen Mandate bezeugen, wie gut Senser am Hofe angeschrieben war, und welches Vertrauen man von dieser Seite in ihn setzte. Als es sich um Einführung des Kommerzienkollegiums handelte, feierte die darüber gutachtlich gehörte Kommission Senser als den Mann, welcher mit dem Tabakwesen das Licht aufgesteckt habe. Das Kommerzienkollegium schaute nach dem Zeugnis der Landschaft auf Senser, als ob er von Gott gesandt wäre und alles mit prophetischem Geiste voraussagen könnte. Nach einer Bemerkung Riegels hat Senser im Jahre 1695 nur durch sein persönliches Eingreifen die Aufhebung aller „Inventionen" verhindert. Ja, als Senser schon endgültig gestürzt war, kam Max Emanuel noch einmal auf die von Senser beabsichtigte und angeratene Kommerzkompanie zurück. Aus diesen Thatsachen ergibt sich jedenfalls zur Genüge, dass von seiten des Hofes und anderer einflussreichen Leute Senser nach seiner persönlichen Ehrenhaftigkeit und geschäftlichen Qualifikation für etwas anderes gehalten wurde, als was seine Gegner aus ihm machen wollten.

Suchen wir diesen widersprechenden Belegen gegenüber Sensers Persönlichkeit in das rechte Licht zu stellen. Dies wird aber nicht in der Weise geschehen dürfen, dass wir, von uns geläufigen wirtschaftlichen Wahrheiten ausgehend, sein Wirken loben oder verdammen, sondern wir werden Senser als Kind seiner Zeit an seiner Umgebung messen und bei seinen wirtschaftlichen Unternehmungen vor allem seine Gesinnungen und Absichten klar zu stellen versuchen müssen. Dass seine Thätigkeit einen Mangel an bleibenden frucht-

---

[1]) Auf Sensers Ableben ist aus einer Eingabe seiner Tochter Brigitta, datiert 21. August 1726, zu schliessen. Dieselbe klagt, dass sie in 8½ Jahren, seit ihr Vater tot sei, trotz aller Bitten keine Pension erhalten habe, obwohl sie notorisch arm sei und zwei kranke Schwestern habe. G.A.

baren Ergebnissen aufweist, liegt offen zu Tage; ob aber dieses Resultat eine Folge sittlich verwerflicher oder nur irrtümlicher Bestrebungen war, das ist die Hauptfrage.

Zu Sensers Zeit stak das bayrische Handels- und Gewerbewesen noch in den Kinderschuhen. Die einheimische Produktion wollte nicht in die Höhe gehen; für die verschiedensten Artikel flossen bedeutende Summen ins Ausland. Seit der Projektenmacher Becher in Bayern aufgetaucht war, hatte die Ansicht sich Eingang verschafft, dass man durch Verstaatlichung von Handels- und Gewerbezweigen oder durch Verleihung von Privilegien die inländische Produktion steigern und so das Geld im Lande erhalten könne. An Bechers Lehren glaubte nicht allein dessen Protektor Graf Egon v. Fürstenberg und die Kurfürstin Henriette Adelaide, sondern auch eine ansehnliche Partei in den hohen Dikasterien.

Becher musste zwar bald aus Bayern scheiden und seine grossartig angelegten Pläne kamen nicht zur Ausführung, aber ein Teil der von ihm angegebenen Heilmittel war manchem spekulativen Kopf in der Erinnerung geblieben, so auch dem Johann Senser. Es war ihm klar, dass sich der Tabakkonsum, an dessen Unterdrückung man in den Regierungskreisen vergebens arbeitete, immer weiter ausbreiten werde. Hierbei war es einleuchtend, dass ohne einheimische Tabakproduktion und Fabrikation grosse Summen ins Ausland wandern, und wir in bezug auf den Tabakpreis vom Ausland vollständig abhängen. Sein Plan, durch inländischen Tabakbau diesen Missständen entgegenzutreten, war sicherlich ein gutgemeinter. Senser hat nicht die Mühe gescheut, seinen Plan zu verwirklichen. Es war nicht besonders verlockend, nach dem Fallisement der zwei ersten Tabakpächter als Apaltator aufzutreten, zumal da die Gegnerschaft der Handelsleute einen bedrohlichen Charakter annahm. Wenn Senser trotz dieser bedenklichen Umstände sich von seinem Ziel und Unternehmen nicht abbringen liess, so zeigt dies vor allem seine Energie und Thatkraft. Dass aber Senser nicht allein rührig, sondern auch ein findiger Kopf war, sehen wir aus der Art, wie er nach erlangtem Apaldo die Geschäfte zu führen verstand. Trotzdem er und seine Konsorten über grössere Summen nicht zu verfügen hatten, so brachte er doch das Geschäft sogleich zum schönsten Flor. Er sah ein, dass vor allem eine ergiebige Kontrolle gegen den Schleichhandel geschaffen werden müsse, und es gelang ihm vortrefflich, eine solche einzurichten. Senser erlangte, obwohl sein Tabakbau infolge der ungünstigen klimatischen Verhältnisse und der verschiedenen obrigkeitlichen Hemmungen nicht recht gedeihen konnte, bald Einfluss auf die Gestaltung der Tabakpreise. die wesentlich zurückgingen, seit Senser den Apaldo übernommen hatte. Wir dürfen wohl annehmen, dass Senser dieses günstige Resultat auch dadurch zu erlangen wusste, dass er von seinem Erfolg im Tabakbau und in der Fabrikation immer besonders viel Aufhebens machte. Die von ihm in dieser Beziehung über die thatsächlichen Verhältnisse hinausgehenden Angaben müssen daher als Behauptungen eines konkurrierenden Geschäftsmannes qualifiziert werden, die zur Erreichung besserer geschäftlichen Chancen ausgestreut wurden. Aus diesem allem wird sich ergeben, dass die materiellen Erfolge, welche Senser während seines 14jährigen Apaldos erzielte, ihren Grund zunächst in Sensers rastloser Thätigkeit und in seiner Geschäftsgewandtheit haben und ihm eine selbstsüchtige Ausbeutung des Publikums schwer vorzuwerfen sein wird. Dass Senser in dieser Zeit, vereinzelte missgünstige Stimmen abgerechnet, noch für einen vollen Ehrenmann galt, erhellt schon daraus, dass bei der beabsichtigten Verstaatlichung des Tabakwesens der erfahrene Kanzler Schmid zur Verwendung Sensers als Tabakbeamten geraten hat.

Wenn sich nun gegen die Pflichttreue und Unbescholtenheit des Tabakpächters Senser nichts Wesentliches einwenden lässt, so kommt die zweite Frage, ob diese Eigenschaften auch dem kurfürstlichen Tabakbeamten Senser zugesprochen werden können. Seine Gegner bestreiten es aus allen Kräften und haben für ihre Ansicht ein hässliches Anklagematerial aufgehäuft. Wenn wir, ohne uns in eine Prüfung dieses Materials einzulassen, den Verlauf des Senserschen Prozesses beobachten, so können wir uns der Ueberzeugung nicht entschlagen, dass die Anklagen gegen Senser auf schwachen Füssen gestanden sein müssen. Der Rechnungskommissär Lindthammer findet, dass Senser die horrende Summe von 285,000 fl. veruntreut habe. Die Subdeputation setzt diese Summe auf 38,206 fl. herab, das Revisorium stellt fest, dass er nur 7000 fl. schuldig sei. Später entscheiden die kompetenten Behörden, dass die Inquisitionskommission dem Senser das mit Unrecht Entzogene zu ersetzen habe. Ausser diesen Widersprüchen in der materiellen Auffassung zeigt auch die formelle Behandlung der Angelegenheit die Ankläger Sensers in einem bedenklichen Lichte. Zuerst wird an den Kurfürsten die Zumutung gestellt, Senser ungehört verurteilen zu lassen. Später will man ihm den Weg zum Revisorium abschneiden; als letzteres gesprochen hatte, sollte eine persönliche Vorstellung bei der Kurfürstin den Gang der Justiz hindern. Jeder Unbefangene wird nach solchen Leistungen die Schuld Sensers für sehr zweifelhaft halten. Schauen wir aber erst das Material selbst an. Es werden Bilanzen beanstandet, die schon längst ratifiziert waren, Massregeln angegriffen, für die das Kommerzienkollegium verantwortlich war; blosse Vermutungen und unerwiesene Behauptungen werden zur Unterlage der Regressansprüche gemacht. Als einziger greifbarer Vorwurf blieb übrig, dass Senser im Jahre 1691 betreffs der zur Verstaatlichung des Tabakwesens nötigen Summen auf seinen Eid hin unwahre Angaben gemacht, und dass er Tabakgelder für seine Privathandlungen und Unternehmungen verwendet habe.

Es ist klar, dass an Senser ein schwerer Makel haften bleibt und die vielen Prüfungen über ihn nicht unverdient gekommen sind, wenn sich diese Vorwürfe als stichhaltig erweisen. Betrachten wir den ersten Vorwurf genauer. Senser soll, nur um eine Verlängerung seiner Pachtzeit zu erzielen, in betreff der zur Verstaatlichung des Tabakwesens nötigen Summen übertriebene Angaben gemacht und diese Angabe mit feierlichem Eidschwur bekräftigt haben. Wenn wir uns die Verhandlungen über die Neuregelung der Tabakverhältnisse vom Jahre 1691—1692 vor Augen führen, so wird uns nicht entgehen, dass eigentlich niemand recht gewusst hat, in welcher Weise das Tabakwesen der staatlichen Leitung unterstellt werden sollte. So viel scheint sicher, dass Senser bei Abgabe seines Gutachtens von der Ansicht ausging, dass die Vorräte und das Inventar der Pächter abgelöst und die weiter nötigen Tabakquantitäten bar angeschafft werden. Wenn Senser dabei annahm, dass die staatliche Leitung bei den Nürnberger Tabakhändlern weniger Kredit finden werde als ein verlässiger Kaufmann, so möchte er nicht so ganz unrecht gehabt haben. Wäre ein sogenanntes staatliches Tabakwerk errichtet worden, wie es Senser vor Augen schwebte, so hätte man sicherlich auch die von ihm angegebenen Summen gebraucht. Es wird daher kaum angenommen werden dürfen, dass Senser, der nach zahlreichen Aeusserungen ein streng gläubiger Mann gewesen sein muss, in freventlicher Weise einen Meineid geschworen habe. Wir haben früher gehört, dass wohl zum Nachteil der kurfürstlichen Kassen die Verstaatlichung des Tabakwesens nicht in dem von Senser angedeuteten Sinne durchgeführt wurde. Es fragt sich nun, ob Senser entschuldigt werden kann, dass er nach der wirklich erfolgten Veranstaltung seinen ehemaligen Konsorten 23,000 fl. ausbezahlte und auch sonst die Gelder der Tabakkasse für Errichtung von Fabrizierhäusern in Anspruch nahm. Der von Senser vertretene, aber nicht erreichte Plan war bekanntlich der, dass nicht allein der Handel mit Tabak, sondern auch der Bau und die Fabrikation desselben in staatliche Hände übergehe. Er hat sich unzweideutig dahin ausgesprochen, dass nur so das Werk gedeihen und die erwünschten Vorteile eintreten können. Als er nun als kurfürstlicher Hofkammerrat den Tabakhandel leitete, verlor er sein Endziel nicht aus dem Auge, so viele Tabakfelder anzubauen und Tabakfabriken zu errichten, dass Bayern nicht nur seinen Bedarf erzeugen, sondern auch noch an das Ausland abgeben könne. Dass dieses sein Streben in den oberen Regionen gern gesehen wurde und gefördert werden wollte, kann keinem Zweifel unterliegen. In betreff der genannten 23,000 fl. behauptet Senser stets, dass sie im Einverständnis mit dem Referenten des Kommerzienkollegiums ausbezahlt wurden. Man hat es ihm bei dem Mangel an schriftlichen Beweisen nicht glauben wollen; ich denke, schwerer falle die Annahme, dass das Kommerzienkollegium von dieser Auszahlung nichts gewusst habe. Wenn aber Senser bei der Verfolgung seines Zieles im Sinne seiner Vorgesetzten und des Kurfürsten handelte, so kann man ihm nicht verdenken, dass er der Tabakkasse leihweise Gelder zur Erwerbung von Fabrizierhäusern entnahm, denn ohne Zuhilfenahme solcher Gelder hätten seine Pläne schlechterdings nicht ausgeführt werden können. Sensers Gegner meinen, er habe, um selbst wieder in den Besitz des Apaldos zu kommen, lediglich auf die Erreichung eines schlechten finanziellen Ergebnisses hingearbeitet. Wenn dem so wäre, so hätte Senser die Gelder nicht auf Errichtung unrentabler Fabriken verwenden dürfen, die ja bei Erneuerung seines früheren Tabak-Pachtverhältnisses unter allen Umständen in seinen Händen geblieben wären. Es ist keine andere Deutung möglich, als dass Senser an die Rentierlichkeit des von ihm erstrebten Werkes glaubte, er wollte die entlehnten Summen nicht für sich ausnutzen, sondern sie sollten einst dem Kurfürsten und dem Lande Nutzen bringen.

Man mag in einzelnen Dingen Sensers Geschäftsgebaren verurteilen, im ganzen wird man den Misserfolg seiner Bestrebungen doch auf Umstände schieben müssen, die ausserhalb des Erfahrungsbereiches seiner Zeit und ausserhalb seiner Macht lagen. Es hat weder Senser, noch jemand anderer daran gedacht, dass beim Tabakbau auch die klimatischen Verhältnisse in Betracht gezogen werden müssen, ein Irrtum, den man vor Senser und noch lange nach ihm beim Seidenbau teuer bezahlen musste. Vor allem aber haben der vielfache Mangel einer geordneten und zielbewussten inneren Verwaltung und die schweren Kriegszeiten hemmend und lähmend auf Sensers Unternehmungen gewirkt, so dass man mit Grund behaupten kann, Sensers Endziel, in Bayern 10,000—20,000

Zentner Tabak zu bauen, zu fabrizieren und zu verschleissen, wäre von ihm auch nicht erreicht worden, wenn er nach anderen wirtschaftlichen Grundsätzen an der Ausführung dieses Planes gearbeitet hätte. Aus all diesem wird sich das Urteil ergeben, dass Senser zwar kein volkswirtschaftliches Genie, aber ein Mann von grossem Unternehmungsgeist, rastloser Thätigkeit und treuer Anhänglichkeit an seinen Fürsten war. Mögen seine wirtschaftlichen Grundsätze falsch gewesen sein, er hat sie für wahr gehalten und durch Verfolgung derselben seinem Fürsten und dem Vaterland einen Dienst zu erweisen geglaubt. Der gegen Senser geführte Prozess kann an diesem Urteile nichts ändern, es könnte derselbe vielmehr zu einer Anklage wider Sensers Gegner und deren Protektoren mit gutem Gewissen benützt werden.